Tropische Momente

Reimund Kube

Tropische Momente

Aus dem Alltag eines Ausländers am Äquator

Bibliografische Information der Deutschen Bibliothek:
Die Deutsche Bibliothek verzeichnet diese Publikation in der
Deutschen Nationalbibliografie; detaillierte Daten sind im Internet
über
<http://dnb.ddb.de> abrufbar.

© 2005 Reimund Kube
Herstellung und Verlag: Books on Demand GmbH, Norderstedt
ISBN 3-8334-3036-2

Inhalt

Glossar und Informationen

Açaí- Palmenart der Flussränder, deren Früchte in Amazonien ein Grundnahrungsmittel sind

Annonen- 4 Arten wohlschmeckender tropischer Baumfrüchte der Gattung Annona

Bairro- in Mosambik Stadtteil, häufig, aber nicht notwendigerweise Slum (**Favela** in Brasilien)

Babaçú- Palmenart, die auf entwaldeten Flächen wächst, und deren Samen der Ölgewinnung dient

Belém- Kurzform von Bethlehem, Millionenstadt am Amazonas

Boto- brasilianisch für Delphin

Caboclo- in Brasilien gebräuchliche Bezeichnung für Mischling, der auf dem Lande lebt

Forro- Musik- und Tanzstil aus dem brasilianischen Nordosten

Frevo- Musik- und Tanzstil aus Pernambuco (Recife)

Itamar Franco- war Ende 92 bis 94 für etwa 2 Jahre Präsident von Brasilien, nachdem der gewählte Präsident F. Collor durch ein Impeachment-Verfahren wegen Korruption abgesetzt worden war

Ju-Ju- in Westafrika gebräuchlicher Begriff, der u.a. allerlei Formen von Zauberei bezeichnet

Madang- ehemalige deutsche Kolonialstadt im Norden Papua-Neuguineas

Maranhão- Brasilianischer Bundesstaat zwischen dem trockenen Nordosten (sertão) und dem Amazonasgebiet

Metical-Meticais- Mosambikanische Währung

Niugini- Pidgin für Land und Leute von Papua-Neuguinea

1. Anfang am Ende der Welt

Natürlich ist das »Ende der Welt« genau so ein unerträgliches Klischee wie der »Arsch der Welt« oder die »Provinz«. Gemeint sind damit weniger geographische Orte als menschliche Innenwelten. Es gibt diese Orte also überall, wo es auch Menschen gibt.

Trotzdem: Neuguinea war für mich so etwas wie ein Chiffre für unerforscht, wild und gefährlich, mysteriös, unverständlich- so dass ich glaubte, es würde einmal mein letzter Lebens- und Arbeitsort in Übersee sein. Es kam anders, es wurde der erste.

Wasserbüffeltrainer ist kein allgegenwärtiger Beruf in Deutschland. Und doch lag genau diese Aufgabe vor mir, als ich nach Papua-Neuguinea flog. Viel später, während eines Urlaubs in Deutschland, sollte mich einmal jemand in einer Kneipe fragen, was ich denn so täte. Um Ärger zu vermeiden, antwortete ich ihm, ich sei Arzt in Afrika. Albert Schweitzer kannte jeder.

Der Ausblick über den bis 5000 m hohen Bergen des Landes, die sich in alle Richtungen scheinbar endlos erstreckenden, weitgehend unberührten Regenwälder – es war atemberaubend und liess mich erstmalig in meinem Leben meine Flugangst vergessen. Und doch gibt es in der Wildnis einen Pfad in Nord-Südrichtungr, der im zweiten Weltkrieg angelegt und in den 80ger Jahren kurz reaktiviert wurde. Damals flohen Horden von Gangstern, man sprach von 3000, in den Norden, weil die Polizei begonnen hatte, systematisch Gesetzesbrecher zu ermorden, in der Hoffnung, so die ausufernde

Kriminalität in der Hauptstadt in den Griff zu kriegen. Der Fluchtort im Norden des Landes wurde daraufhin so unsicher, dass eine Ausgangssperre ausgerufen wurde.

Der Clash der Zivilisationen, eine uralte gewalttätige und eine moderne gewalttätige, liess auf der Insel einen ebensolchen Staat entstehen, ein rauhes Land. Meine Ehefrau sah all die roten Flecken auf dem Boden der Hauptstadt und fragte zitternd: »Ist das alles Blut?« Nein, es sind nur ausgespuckte Betelnüsse, die mit Muschelkalk und Pfeffer gekaut werden und die Menschen friedlich und freundlich stimmen. Sehr im Gegensatz zur modernen Droge Alkohol.

Verwirrend auch die Sitte, Weisse mit »Master« anzusprechen und der Moment, wenn ein würdiger, graubärtiger Herr dich – den Fast- Jugendlichen- mit »Papa« anspricht.

*

Joe ist Niugini und war mein Arbeitskollege. Ich mag ihn.

Er geht nicht gerne zurück in sein Dorf, der Druck dort auf ihn sei stark, immer müsse er kämpfen. Das hat er auch oft getan. Er bewundert die Nazis. Er hasst Sonntage, und andauernd studiert er die Broschüren religiöser Sekten.

Einmal fuhren wir im Auto, ich am Steuer, auf einen Fluss zu, vor dem sich zwei Milane an Aas gütlich taten, und er schrie: »Kilim em, kilim em!« Ich jedoch stoppte ab und sagte, dass ich, obwohl sicher kein guter Christ, doch jede Form von Leben respektierte. Darauf schaute er mich minutenlang von der Seite an, mit weit aufgerissenen Augen.

Ein anderes Mal, ich saß wieder am Steuer, las er eine ganze Weile in einer religiösen Schrift, schaute dann plötzlich auf und auf mich und sagte:« Und Maradonnader ist jetzt in Italien?«

Ach, Joe, er ist später Missionar geworden.

*

High Tech: Papua Neuguinea, die Southern Highlands. Vor gut 50 Jahren wusste der weisse Mann noch nicht, dass diese Gegend überhaupt besiedelt war. Die Eingeborenen aber lebten in ihrem uralten Trott: Die Frauen waren damit beschäftigt, im Garten zu arbeiten und die Familien zu ernähren. Die Männer führten Kriege, um eben jene Familien zu vernichten.

Eines Tages sahen sie ihn dann, den riesigen, lärmenden Vogel, der auf ihrem Gebiet landete. Entsetzt flohen sie in den Busch und beobachteten von dort das Neuangekommene: Aus seinem Bauch entstiegen ihre Ahnen, die alter Überlieferung zufolge Wesen mit weisser Hautfarbe sind. Diese hatten Macht, noch mehr Reichtum, aber niedere Gelüste. Sie wollten Frauen, schlugen Bäume. Allerdings ohne Häuser zu bauen oder Gärten anzulegen. Auch ihre Gier nach bestimmten gelben Steinen war unersättlich. Sie brachten etwas, das sie »Development« nannten, und das fing mit Straßen an. Auf diesen Straßen erschien das nächste Wunder: Vierrädrige Gebilde, die sich mit unheimlicher Geschwindigkeit fortbewegen konnten und nur ein bestimmtes Getränk zum Leben brauchten.

Das ist alles lange her. Jeder kennt heute Flugzeuge und Autos. Es ist schon fast normal, nur mit einem Grasrock (ass grass) bekleidet, ein Flugzeug zu besteigen und zum Tribal Fight zu fliegen. Plötzlich ist aber noch etwas neues hinzugekommen. Es hat nur zwei Räder, und der Mensch selbst muss diese bewegen, um vorwärts zu gelangen. Man nennt es »wil-wil«, was es ja schliesslich auch ist. Ohne Zweifel ist es das vorläufige Endprodukt, der Höhepunkt einer technologischen Entwicklung. Das Fahrzeug des Computer-Zeitalters. Aber der Niugini weiß noch nicht so ganz, wo und wie er es einordnen soll. Er fährt mal rechts, mal links auf den Straßen und manchmal – aufgepasst, Autofahrer! – plötzlich quer.

Dieses Fahrzeug ist nicht einfach zu bedienen! Die Männer steigen aus ihren Lastwagen und Caterpillars und beobachten, anerkennend mit der Zunge schnalzend, den Weissen, der sich einfach so ein FAHRRAD nimmt, sich draufsetzt und losfährt. »Em i no man nating!« (Er ist kein Nichtsnutz).

*

Madang war meine Stadt. Ihr Lächeln das Glitzern des Meeres, wenn die Sonne hoch steht, und die großen dunklen Flughunde, wie ewige Sommersprossen, betupfen das Himmelsblau, wenn sie abends zu Tausenden zu ihren Fressplätzen fliegen. Sie fliegen über die Bucht in der Bismarck-See bis in die Bergkette auf der anderen

Seite. Von meinem Balkon konnte ich all das sehen, auch Sonntag morgens die Delphine, aber vielleicht war denen der Sonntag ja egal. Madang hat auch einen Kudamm, eine trostlose Gasse, überall stiess man auf Erinnerungen an die deutsche Kolonialzeit, eine Ära, die vor dem ersten Weltkrieg stattfand.

Einmal passierten wir einen Ort auf der Insel Neu-Britannien, der irgendwie anders aussah, zu ordentlich und gepflegt für die feuchten Tropen. Wir hielten an, es war ein Friedhof. Ein deutscher Friedhof, umgeben von Kokospalmenhainen. Ein seltsames Gefühl ergriff mich, den sonst Unpatriotischen. Die Grabsteine trugen deutsche Namen, alle Toten waren um die 20. Hergeschickt als Kanonenfutter, gestorben wohl an Malaria. Ich habe nie erfahren, wer den Platz pflegte, inzwischen dürfte er nach einem Vulkanausbruch in der Nähe wohl verschwunden sein.

Später einmal bestieg ich einen anderen noch aktiven Vulkan. Wir mussten die Genehmigung des Dorfmächtigen einholen, da erst kürzlich 2 Vulkanologen durch einen Gasausbruch getötet worden waren. Es war heiss und schwül und steil. Die Berge sind nicht meine Sache. Unser Begleiter aus dem Dorf sah mich an und sagte,

»Der Bigman ist gut in der Stadt, mit grossen Autos, da weiss er sich zu bewegen, aber hier in den Bergen, da hat er Probleme!«

Am Kraterrand schauten wir misstrauisch auf den kleinen Ascheberg in der Caldera, aus dem eine Rauchsäule aufstieg. Unser Führer sagte, wir dürften nicht laut reden, das würde die Geistwesen stören- neulich sei er mit einer Gruppe von Schülern hier gewesen, die hätten sich nicht daran gehalten und beim Abstieg seien sie dann von sehr starken Regen überrascht worden. Wir blieben ruhig, man kann ja nie wissen.

2.   Leben auf Asche

Die lakonische Ansage des Piloten kündigte überraschend einen Umweg nach Bangkog an. Der Vulkan Pinatobo auf der Philippineninsel Luzon war ausgebrochen, wir konnten nicht in Manila landen. Später traf ich einen Engländer, der während des Ascheregens im Rotlichtviertel weilte, das er dann eine Woche nicht verlassen konnte. Im faszinierend fremdartigen Bangkog konnte man damals kaum atmen wegen des rund um die Uhr quasi stehenden Verkehrs, in dem lediglich die im Zweier-Takt stinkenden Tuc-Tucs für Bewegung sorgten. Eines nachmittags stand ich an einem Strassenzaun und musste kotzen, bloss irgendwo rein, ich nahm die nächste Tür, es war eine Kneipe, sie hiess »Heidelberger Krug«. Die durchaus mandeläugigen Kellnerinnen trugen deutsche Folklorekleider, trotzdem fühlte ich mich besser. Erst Manila entpuppte sich als Mutter der Moloche.

*

Glaubt man vielen Ausländern, so sind die Mädchen und Frauen Manilas das, was das Leben hier erträglich macht. Um Missverständnissen vorzubeugen: Der Pabst hat das Sagen, und Vergnügen kostet Geld.

Man sagt hier, der Stolz der Philippinen seien ihre Frauen wie der Stolz der Deutschen ihre Pünktlichkeit ist. Man muss es einfach gesehen haben: Wie die Filippinas in dieser verdreckten und verpesteten Stadt, immer wie aus dem Ei gepellt und als wäre die Welt eben erst erschaffen worden, auf hochhackigen Schuhen die tiefen Löcher in den Gehwegen und den Straßen elegant umkreisen und sich kokett schneeweiße Tücher vor die Nase tupfen gegen Abgase, Uringeruch und Vulkanstaub- vor allem aber, weil es so weiblich ist.

Die Frauen dominieren weite Teile der Gesellschaft mit Souveränität und Selbstverständlichkeit und sind doch jederzeit bereit, reuelos alles aufzugeben für die Gründung einer Familie. Nie hat es hier den Bruch zwischen feminin-sein und Feminismus gegeben, unter dem unsere Gesellschaften so leiden.

Seltsam ist, dass dieses Volk, das sich gerne »funloving« nennt, so überstreng am geschriebenen Wort festhält. Links und rechts der Vorschriften ist kein Millimeter Raum, und da sind die Frauen nicht anders. Auch wenn Mann lieber zu ihnen an den Schalter geht, wegen des Anblicks und weil man trotzdem flirten kann.

Vielleicht hat es mit der großfamilienbezogenen Erziehung der Filippinos zu tun, die das Individuum nicht so erhöht wie bei uns, aber es ist mir immer leichter gefallen, die Frauen hier in ihrer Gesamtheit zu lieben als die Konzentration auf ein weibliches Einzelwesen in einer Form, die Andere ausschließt.

*

Ermita ist der Rotlichtbezirk von Manila, also der »Touristengürtel«, und er ist momentan eng geschnallt, denn es ist Monsunzeit,und die Ausländer ängstigen sich vor dem Vulkan.

Es ist ein kleines Stück Straße nur, vor dem und hinter dem es recht dunkel ist. Es besteht aus Bars, Discos mit Videoanlagen und Hunderten von halbnackten Mädchenleibern, die sich langsam wiegen wie ein einziger Leib. Oft tun sie das in rhythmischer Ratlosigkeit, aber sie sind das Zentrum des Vergnügens, und dieses Vergnügen ist Männersache.

Außerhalb der wenigen modernen, sauberen Etablissements stolpert man sofort über ausgestreckte Hände, nackte Straßenkinder betteln, und ihre Mütter kauern am Boden. Zwischen den großen Clubs liegen kleinere, oft schmuddelige und ebensolche Damen versuchen, dich hineinzuziehen. Der Geruch nach Urin überall. Hier werden dringend benötigte Devisen angelockt und eingenommen, aber schon die Seitenstraßen sind nicht mehr asphaltiert und haben tiefe Schlaglöcher, Löcher des Vergessenseins.

Ich hatte kein Essen im Haus und kein Bargeld, es war Wochenende und so kam ich her, um von meiner Kreditkarte zu leben. In einem australischen Hotel mietete ich mich ein, neben älteren, sechseckig gebauten Bewohnern des Outback. Dann ab in die Bars, den Gin fließen lassen, tanzen, turteln, tatschen, die Kreditkarte wirds schon richten. König in Manila für eine Nacht.

Als das Sodbrennen anfing, begab ich mich zum Hotel, mit mir ein Mädchen, halb so groß und halb so alt wie ich. Sie weigerte sich zu duschen wegen ihrer überhitzten Füße. Als sie ins Bett stieg, trug sie noch ihre Kleidung. Ich war zu müde, sie ihr auszuziehen.

*

Es war in einer Girlie-Bar. Mit ihrem Redefluss in perfektem Englisch und ihrem verlockenden Ausschnitt vertrieb sie meine langweilige Begleitung. Da ich schwer betrunken war, bot ich ihr lediglich an, sie in mein Hotelzimmer zu lassen, falls es ihr gelänge, alleine an der Rezeption vorbeizukommen, was ich bezweifelte. Sie weckte mich während der Tiefschlafphase.

Sie trug einen BH wie weiland meine Großmutter. Der Arzt hätte ihr gesagt, dass man ihre Brüste nicht anfassen dürfe, da sie noch Milch produzierten. Sie hatte ihre Tage. Dann fiel die Air-Condition aus, und es wurde unerträglich heiß.

Morgens rieb sie mich mit Öl ein, massierte mich überall und fragte: »Papa Reimund, why didn`t you make love to me? I like that.« Dann machte sie Pläne für uns und die nächsten Wochen. Als ich abwehrte, begann sie zu heulen und wurde hysterisch.

Sie rief nächste Nacht wieder an, aber ich ließ sie nicht hinein, da ich am nächsten Tag verreisen wollte und ahnte, wie schwer es werden würde, sie dann wegzuschicken. Sie sei aber nicht mehr in der alten Bar, sagte sie noch.

In der Tat war sie, wie ich später erfuhr, wegen ihres Alkoholkonsums vor die Tür gesetzt worden. Niemand wusste, wo sie war. Ich lief noch lange durch alle Bars und habe sie gesucht, nur sie gesucht, nur sie gesucht, bis heute.

*

Ein deutscher Lebenslauf: Er sah aus wie ein typisch deutscher Kleinstadtbewohner, und er war es auch. Allerdings hatte er sein Leben geändert, und ich traf ihn in einer der Go-Go-Bars in Ermita. Er war Mitinhaber und Manager und sagte: »Weiber hab ich hier genug, da fang ich doch nichts mit den Mädchen aus meinem eigenen Laden an.« Im Urlaub fuhr er ins damals noch einsame Palawan; er tanzte gut, er sang gut, Schule: Deutscher Männergesangsverein. Natürlich trank er viel.

Etwa zwei Jahre später sah ich ihn wieder, diesmal in einer anderen Bar. Sein Outfit war total verändert, er trug dicke Ringe, längere Haare, ein grell buntes Hawaihemd, kurz: den typischen Luden-Appeal von gestern. Ich verzichtete darauf, ihn anzusprechen.

Etwa drei Jahre später hörte ich von seinem Ende. Der neue chinesisch-stämmige Bürgermeister von Manila hatte scheinheilig die Ermita-Discos dicht gemacht, eine moralische Saubermannaktion mit Showeffekt also, und der Deutsche hatte ihn daraufhin verklagt. Noch vor dem Prozess fiel er aus dem achten Stock eines Hotels; es heißt, unter Drogeneinfluss.

*

Gegen den Rest der Welt: Die Insel ist nicht sehr bekannt, noch weniger die kleine Insel vor ihrer Küste. Mitten in den Kokoshainen steht ein Haus, das anders ist, nämlich von einer Mauer umgeben mit Scherben drauf. Dort wohnt er: der Deutsche. Der Deutsche in den Tropen. Er stammt aus Neukölln in Berlin und ist über sechzig, seine Frau, eine Filippina, knapp dreißig, und das Kind, das SIE wollte, noch klein. Ihr Universitätsdiplom hängt an der Wand, er spricht immer noch kaum Englisch. Für das Kind ist gesorgt, die Schulausbildung in Deutschland, das anschließende Studium, alles notariell organisiert.

Es sind alles Verbrecher, die um ihn herum wohnen, aber er bringt ihnen schon Manieren bei, durch seine Beziehungen zum Polizeipräsidenten zum Beispiel. Laut Radio spielen, das traut sich hier heute keiner mehr. Natürlich ist er bewaffnet, und immer stehen fünf Molotowcocktails bereit. Da sollen sie nur kommen, aber er weiß auch, gegen größere Gruppen reicht das nicht. Deshalb braucht er ein Maschinengewehr, das er auf das Dach montieren will, und er hat bereits alles in die Wege geleitet. Er ist guter Hoffnung, dass es klappt.

Nachmittags war er mit seiner Geliebten spazieren, die er ja haben muss, weil auch seine Ehefrau das will. Sonst hält man ihn für einen Schwächling und seine Frau für eine Hure, sagt er. Ob er nach Deutschland zurück will? Um Gottes Willen, wo kann er schon so leben; eben.

*

Der Straßenverkehr in Manila wurde oft beschrieben: Das unbeschreibliche Chaos. Sicher, es ist viel Undiszipliniertheit im Spiel, besonders beim Nichtbeachten von Fahrstreifen, und sie führt immer wieder zu vermeidbaren Staus. Berühmt wurde der auf der Hauptstraße EDSA, auf der sich während eines Monsunregens, der sich knietief auf der Straße breit machte, die Autos auf allen 12 Spuren frontal gegenüberstanden.

Kommentar einer philippinischen Journalistin: »The Philippine drivers with their brains
like snails«.

Trotzdem: Das Autofahren hat System, und dieses drückt sich aus in einer niedrigen Unfallrate trotz permanenten Fahrens im Fast-Unfall-Bereich. Das System ist zen-buddhistisch und urban-aggressiv zugleich. Sei im Moment, schau nicht zurück, denk nicht voraus, heißen seine Regeln. Wenn du abbiegen willst, tu es. Bei dieser scheinbar aggressiven Fahrweise wirst du immer auf jemanden stoßen, der geradeaus-defensiv fährt, den Fuß auf der Bremse. Nur wer europäisch fährt, blinkt, wartet, nach hinten guckt, wird nicht verstanden, ignoriert und niemals durchgelassen. Im Zweifelsfall hat aber immer das teurere Auto Vorfahrt.

Übrigens, die Hupen haben keine Bedeutung, außer dass sie Ausdruck der einheimischen Vorliebe für Lärm sind. Ihr Geräusch ist nämlich so allgegenwärtig, dass man es ohnehin keiner bestimmten Richtung oder Quelle zuordnen kann. Klimaanlagen sind hier kein Luxus, sondern ein Muss, da offene Fenster beim Fahren den gleichen Effekt hätten wie offene Fenster beim Sitzen in der Garage, während der Motor läuft.

Und zur groben Orientierung gilt immer: Da, wo die schwarze Wolke hängt, das ist die Straße!

*

Die reicheren Leute von Manila leben in umzäunten und bewachten »villages« und verfügen über eine Vielzahl von Hausangestellten. Da die Herrschaften arbeiten oder fernsehen, bestimmen diese das Bild der »Dörfer«. Zum Beispiel in dem, in dem ich wohne, Palm Village: Unermüdlich und mit Hingabe waschen die Fahrer die Autos ihrer Arbeitgeber.

Ich habe nur eine Hilfe, sie ist sehr vielseitig, wäscht, putzt, kocht und bezahlt meine Rechnungen. Offen gestanden, ich wäre ziemlich hilflos ohne sie. Sie heißt Cecilia, aber wie die meisten Filippinos bevorzugt sie es, bei einem Spitznamen genannt zu werden, und der ist Anna. Und nach ihr habe ich die ganze Spezies genannt: die Annas.

Das Leben der Annas ist geordnet. In der Frühe bringen sie die Kinder ans Schulauto, dann kaufen sie an einem geheimnisvollen Platz durch eine Mauer Brot ein. Wer morgens Pflanzen wässern muss, tut das, auch wenn es die ganze Nacht geregnet hat. Um 16.30 Uhr sind die Straßen wieder voll, »ffft-ffft« macht es, die Annas fegen. Sie kommen zusammen und schwatzen, fegen, halten inne, wenn jemand vorbeigeht. Manchmal eher somnambul, meistens aber fröhlich, fegen sie den Nachmittag hinweg inmitten des Taifunausläufers, der sofort wieder Vulkanasche und Blätter auf die frisch gesäuberten Plätze bläst. Das kümmert sie aber nicht, sie fegen und sind guter Laune, »ffft-ffft« macht die Anna, und es ist auch dieses Geräusch, das dich ganz früh weckt.

*

Broken English: »Where you came from? Ah, from German.

My boyfriend is German, she come here many time. He is working police-woman.«
»You probably mean: on a police-woman.«

»I already soon have go to German, next year.
I no see other place, only Manila and province.«
»But that`s nice, too.«

Es ist Sonntag Morgen. Anna macht sich ausgehfertig.
«Where do you go?”
«I go to the mess.”
«What a mess!”
«The Catholic mess, Sir.”

*

Momente im Meer der Zeit: Die Reisenden sagten zu mir, der Ort sei einmal schön gewesen, aber heute zu kommerzialisiert, dort ginge man nicht mehr hin. Solche Orte liebe ich.

Es war eine Woche, in der der Himmel mit dem Meer und der Zeit verschmolz. Zuerst stellte ich fast alle Aktivitäten ein, dann das Denken und schließlich das Vermissen. Die Beine auf dem Tisch, den Blick frei aufs Meer, und zwei Mädchen füttern dich mit Fisch. Es gab Leute, die kamen für Tage und blieben für Monate. Sie gingen nie ins Wasser und wussten nie, was sie die vergangenen Tage und Wochen gemacht hatten. Es lag eine geheimnisvolle Mystik über allem, Tropenromantik pur vielleicht oder aber eine besondere Mixtur aus Hitze, Sex und Suff.

Meine dortige Freundin war endlos verhurt, und sie brachte mir die Tränen zurück. Keine Jungfrau hätte das vermocht. »What are you doing to me, I`m afraid I`m loosing my heart«, weinte sie einmal in Eifersucht und ich mit ihr.

Eines nachts spürte ich durch einen Traumschleier eine Hand in meinem Schritt, selbst im Dunkeln begriff ich die Situation: der berühmte schöne Transvestit. Ich bat ihn mit Nachdruck hinauszugehen ohne Licht zu machen; ohnehin hatte er mich verwechselt. Am nächsten Tag erzählte mir ein Drei-Tage-Freund von der Weltbank, er hätte ein merkwürdiges Erlebnis gehabt. »Da kommt doch gestern nacht ein tolles Mädchen in mein Zimmer. Ich war sehr müde, so sagte

ich ihr, mach was Du willst, aber ich werde Dich nicht anrühren. She gave me a blow-job.«

»Wie schön, allerdings, die Frau war ein Mann«, antwortete ich.

Ich kam zurück nach zwei Jahren, illusionslos. Es hatte sich nur wenig verändert, meine frühere Hotelwirtin erkannte mich sogar wieder. Es war etwas langweiliger oder ich war etwas langweiliger, meine Ex-Freundin ist inzwischen in Hongkong, und der schöne Transvestit muss sich nicht mehr nachts in die Bungalows schleichen. Er nahm meine Hand und sagte: »Ich bin keine wirkliche Frau. Mein Freund ist ein bakla (Schwuler). Wenn Du mich probieren willst, gut, aber es wird teuer.«

*

Eine Tagestour zum »Hidden Paradise«. Im Jeepney saßen nur Australier und Neuseeländer, ein Tag voller bloody und fucking kündigte sich an. Zwischen 8 und 11 Uhr morgens trank jeder ebenso viele Biere, das Niveau wurde alkoholisch. Mein durchaus ernst gemeinter Vortrag über »Soziale Forstwirtschaft« in dem von uns durchfahrenen Gebiet wurde mit großer Heiterkeit aufgenommen. Während des Besuches bei einem verelendeten Stammesvolk tönte es »send the kiddies for the pictures«, Komplimente an die Damen »the more I drink the more beautiful you become« und Sprüche wie »I haven`t had so much fun since I burned my hand.«

Um meine Discoschuhe zu schonen, ging ich barfuss auf einen halsbrecherischen Marsch durch den Regenwald, meine Füsse haben es mir nicht gedankt. Zitternd balancierte ich auf einer glitschigen, hoch gelegenen Wasserleitung; wunderbarerweise stürzte niemand ab. Das versteckte Paradiess war ein kühler Pool im Nirgendwo.

Der Wagen brach bereits auf dem Hinweg zusammen und musste geschweißt werden, wohl nicht zum ersten Mal. Auf dem Rückweg fiel einer der Aussies hin, in der Hand natürlich die Bierflasche, die zersprang und ihm die Hand zerschnitt. Mehr Bier und dauernd Wasser für das Auto. Wir fanden einen Arzt, die Hand wurde genäht und später, es war bereits dunkel, blieb der Wagen im Schlamm stecken. Alle mussten schieben, umsonst die Mühe um meine Schuhe, und der durchdrehende Hinterreifen sorgte für eine flächendeckende Schlammkruste auf meiner hellen Hose.

Erleichtert und volltrunken gelangten wir schließlich an unseren Ausgangspunkt zurück und versprachen der Reiseleiterin, dieses Unternehmen allen unseren Feinden zu empfehlen. Wir wunderten uns nicht, dass sie, die sich so oft entschuldigt hatte, weil die Stammesangehörigen Geld fürs Photographieren haben wollten, jetzt auch nicht anders war.

3.   Licht und Dunkel

Das Afrika meiner Kindheitsträume, der Margarine-bilder, der Grzimek-Sendungen im ersten Schwarz-Weiss TV, der Tarzancomics, hier, in Kenia, fand ich es. Allgegenwärtige Gewalt und Armut konnten es nicht zerstören. Hinunter zu fahren ins Rift Valley, das aufbrechende Tal, das in weiter Zukunft einmal ein Ozean sein wird, die alten Vulkankegel im Auge und dann das Begreifen, dass die schwarz-weissen Tupfer in der Ferne tatsächlich Zebras sind, war ein mystisches Erlebnis für mich.

Auch die Nächte in Nairobi sind schwarz-weiss. Die Mädchen rufen: Hey, I like your height oder sonst was.

»I`m feeling sick«, sagte ich zu ihr, »I need a few days at the sea, doing nothing except staring at the water.«

Sie schaut mich tief an. »You white people have funny problems. Soon you will tell me that you will go through the country just to see what kind of agriculture people do.«

»Exactly«, antwortete ich, »that`s my job.«

Sie erzählt:« Ich brachte ihn zum Flughafen, da fing er zu weinen an. Ist doch komisch, nicht, eigentlich hätte ich doch weinen müssen.«

Nachspiel: Er holte sie samt Tochter zu sich, und sie tauschte die brodelnde Großstadt Nairobi mit der Schwäbischen Alp. Sie rief mich in Berlin an, wo ich damals wohnte und beklagte sich über Langeweile und das Fehlen von Kochbananen.

27

Ich kaufte welche im Kaufhaus des Westens und schickte sie ihr. Beim nächsten Anruf war sie unzufrieden,»das waren die falschen,« sagte sie, »diese kleinen sind nicht aus Afrika.«

Sie hat eine schöne Wohnung, von einem weißen Ex-Freund eingerichtet. Sie war auch schon in Deutschland, vielleicht Prostitution, auf jeden Fall Kokainhandel.

»I love you«, flüstert sie mir ins Ohr, hält die Hand hinter ihres und schaut mich fragend an. »Stupid chick«, antworte ich. Sie lacht. Eine Weile später, wieder flüstert sie in mein Ohr »I love you« und hält sich beide Ohren zu.

Sie heißt Honey und in meiner letzten Nacht mit ihr, als ich müde das Licht ausmache, sagt sie: »Du willst nicht, dass ich Dich ansehe?«

*

Ich lernte auch eine bürgerliche Frau kennen, die Golf spielte und ein Auto besass. Ihr holländischer Ehemann war vor einigen Jahren nicht vom Zigarettenholen zurück gekommen und sah mir ähnlich, sagte sie. Später, schon in Holland lebend, sollte sie ein Dokument aus Rio de Janeiro erhalten, in dem vom Selbstmord ihres Mannes in einem kleinen Hotel die Rede war und davon, dass er in Rio begraben sei. Wir liebten uns sehr und mit Kondom, und später versuchte ich, den Friedhof ausfindig zu machen, aber man riet mir ab, ihn zu besuchen, da die Gegend zu gefährlich war. So etwas nimmt man ernst in Rio.

Ich schrieb ihr Liebesgedichte, an meine JuJu-Love, in denen ich beklagte, dass das Bild von Afrika bei uns nur aus Viren, Blut und Hunger besteht, wo doch das Afrika, wo sich der Ort zart mit dem Traum vermischt, noch existiert, das Land, das hinter jedem Hügel weiter wird und unser klammes Herz mit ihm; und dass SIE wie ein Virus mein Herz befallen hat, dass IHR Blut in meinen Adern fliesst und mein Hunger nach ihr mir die Gedärme zerfrisst…Bald darauf erfuhren wir dann, dass auch sie infiziert war mit der virösen Geissel des modernen Afrika.

*

Die Goldküste: Nach einem kurzen Abstecher ins allerexotischste Land, den Osten Deutschlands, bekam ich überraschend ein attraktives Angebot einer multinationalen Firma aus Ghana.

Ich wurde mit grossem Haus, 3 Hausangestellten und Gehältern hier wie dort ausgestattet sowie leider auch mit einer unmöglichen Aufgabe. Als Arbeitspartner hatte ich einen korpulenten Libanesen, der für mich so ziemlich alles verkörperte, was ich verabscheue, und der mich von Anfang an hasste. Er war geborener Ghanaer, sprach die einheimische Hauptsprache und wusste in einflussreiche Ärsche zu kriechen, so dass ich gegen ihn auf verlorenem Posten stand. Der Firmenmanager war ein hochgearbeiteter Deutscher, seit 20 Jahren in Afrika, überfordert und doch mit erstaunlichen Fähigkeiten. Er leitete die Firma als Sonnenkönig und durfte sich das – zu meinem nicht geringen Erstaunen- auch leisten. Vier seiner hoch bezahlten Sektormanager acht Stunden sinnlos warten zu lassen, war keine Schwierigkeit für ihn. Mitunter kam sein indischer Stellvertreter in solchen Wartepausen und flüsterte »er hat heute gute Laune«. Dort lernte ich, wie naiv doch die weit verbreitet Ansicht von der immer überlegenen Effizienz des privaten Sektors ist.

Ghana ist ein liebenswertes Land mit friedlichen Menschen; vielleicht liegt das ja an ihrer Religiösität. Leider entspricht das Land mit seiner weitgehend zerstörten Natur nicht unserem Traumbild von Afrika, in dem morgens eine Giraffe über den Gartenzaun lugt. Die weissen Ehefrauen der zahlreichen Expats geben sich begeistert dem Jahrhunderte alten Schwatz über die Unfähigkeit und Diebeslust der Bediensteten hin.

Eines abends stand ich an einer Strandbar, ein schönes Mädchen erschien, guckte mir gerade in die Augen und sagte irgendwas. »Du hast keine Chance«, dachte ich und erzählte am nächsten Morgen meiner hamburger Kollegin halb im Scherz, dass ich gestern die zukünftige Mutter meiner afrikanischen Kinder getroffen hätte.

Jetzt sind 2 Jahre vergangen, längst bin ich in Mosambik, und mein ghanaischer Sohn hatte neulich Geburtstag.

4.   Brasilianische Skizzen

B rasilien, ein Land, das einen befallen kann, wie ein Virus. Brasilien, so wie der Tourist es sieht: den Jahrmarkt aus Samba und Macumba, Mulatas und Fußball und Karneval. So wie die Brasilianer es sehen: Hitze und Gewalt, die Schwierigkeit, Geld zu verdienen und die Sinnlichkeit der Frauen, Frevo und Forro, Favelas und Novelas. Und so, wie ich es sehe, mein privater Ausschnitt, und der hat zu tun mit der Kultur der Oberflächlichkeit und mit der Abneigung der Brasilianer gegen alles, was sich zwischen zwei Häute schieben könnte wie Kleidung, Haare und Kondome.

Als das Ergebnis so einer Abneigung abgetrieben werden sollte, kaufte die Freundin eine Flasche mit Urwaldmedizin, die auf der Strasse in einem Rollwagen angeboten wird. Trinken, auf die Toilette, etwa eine Stunde Übelkeit- die Schwangerschaft war vorüber.

Das unbegreifliche Land: Auch wenn alle ökonomischen Statistiken längst den endgültigen Zusammenbruch beweisen, geht es doch immer weiter und irgendwie voran.

Die Menschen sind vorbereitet auf das Unerwartete und erschrecken nicht davor. Der Taxifahrer sagt zu mir, als ich mich über den aufdringlichen Erdnussverkäufer beschwere, »sei nicht so hart, vielleicht hat er gestern noch als Arzt im Krankenhaus gearbeitet«. Ja, vielleicht hat er und heute verkauft er ohne Bitterkeit Erdnüsse, weil er weiss, dass er vielleicht schon morgen wieder in einer Klinik arbeitet. Ausserdem zählt nur das Leben, und nicht die Arbeit.

Fernsehinterviews in Recife enthüllten, dass die Strassenkinder, die vor dem Krankenhaus Autos bewachen, vor allem vor sich selbst, ein wenig mehr Geld verdienen als die Ärzte drinnen.

*

Der Rio-Gipfel: Allen Unkenrufen zum Trotz, dass sie stattfand, war der Erfolg der großen internationalen Konferenz über Umwelt und Entwicklung, mit vielen noch unabsehbaren, wichtigen und häufig auch wenig spektakulären Folgen.

Natürlich ist es schwierig, sich in solch einem Riesenangebot von Veranstaltungen zurechtzufinden, die richtige Wahl zu treffen. Zuviel kann auch lähmend sein. Jeder versuchte sein ökologisches Süppchen zu kochen, makrobiotisch, versteht sich. Das Forum für Nichtregierungsorganisationen (NGOs) war ein großer Marktplatz, auf dem sich Tierschützer und Reiseveranstalter, Grüne, Homosexuelle und UNO-Abteilungen, Umwelt- und religiöse Gruppen sowie die »Großmütter gegen Nuklearwaffen« ein Stelldichein gaben. Und es schien, als wollten sie alle vor allem eines: T-Shirts verkaufen.

Vieles fiel auf um diese Konferenz herum: Die Straßen waren weitgehend »gesäubert« von Bettlern und Straßenkindern. Dafür gab es eine starke Präsenz von Soldaten, kritisiert von einigen wohl zu eurozentrischen NGOlern, und begrüßt von so manchem Bürger von Rio, der auf diese Weise eine Sicherheit kennen lernte, die ihm fast vergessen schien. Und vor allem: Die endgültige Verballhornung des Begriffes »Ökologie«, der in Brasilien nicht für eine hochkomplizierte Wissenschaft steht, sondern für alles, was mit Natur schlechthin und Umweltschutz im besonderen zu tun hat und noch für vieles mehr. Einen Schmetterling auf Briefmarken abzudrucken ist ökologisch, und wenn jemand früher ein Pferd naturgetreu malte, dann war das naiv oder realistisch- heute ist es »Öko-Art«.

Und wie hieß es so schön: Auch Kultur ist ökologisch, und die Biodiversität der kulturellen Veranstaltungen war so groß wie die Artenvielfalt im amazonischen Regenwald. Der erste Samba auf Rio als »Welthauptstadt der Ökologie« wurde bereits zum Karneval geschrieben. Wie wohl nirgends sonst durchdringen Musik und Tanz das gesellschaftliche Leben in Brasilien und machen es erträglich auch für die, die sonst viel ertragen müssen. Urplötzlich ist jetzt in vielen Texten die Natur präsent, entdeckt man in Brasilien die Kolibris und die geschändeten Wälder. Heil bleibt die Welt des amazonischen Waldes und seiner Bewohner aber nur im Ballett, wo sie sogar betanzt wird unter dem tosenden Beifall des dankbaren Theaterpublikums. Im wirklichen Leben ging zur gleichen Zeit ein Schulmädchen an die Öffentlichkeit und behauptete, von einem bekannten Indianerhäuptling brutal vergewaltigt worden zu sein.

Als wahren Schänder der tropischen Regenwälder entlarvte man in Politik und Kunst nicht die Armut, die Profitgier, die Überbevölkerung, sondern das Feuer. Es ist das Feuer, das die Wälder zerstört. Davon zeugen jede Menge ästhetische Photos und verkohlte Baumstümpfe auf den Kunstausstellungen. Vergessen ist das Feuer als natürlicher Gestaltungsfaktor von Landschaften, vergessen das Feuer als Managementmethode, vergessen, dass das Feuer auch dazu dient, Felder anzulegen, von denen Menschen leben werden. Überhaupt hat es den Anschein, dass für viele Gruppen Bäume und Affen den Menschen als Mittelpunkt der Entwicklung verdrängen. Das macht Politik und Denken einfacher, bietet aber keine Lösung für die dringendsten Probleme und stabilisiert somit nur den Niedergang von Kultur und Natur durch menschliche Aktivitäten.

Bei der Abschlussveranstaltung misslang der Versuch, Woodstock mit einiger Verspätung nach Brasilien zu exportieren, gründlich. Das war aber nicht weiter schlimm, hatte der wahre Höhepunkt doch längst stattgefunden: Die ergreifende und erschütternde Tanzdarstellung einer Gruppe von ehemaligen Strassenkindern, die ihr altes Leben zwischen dem Überfluss an Gewalt und dem Mangel an Liebe vorführten. Doch ungebrochen blieb ihre Vitalität, und unüberhörbar ihr Schrei nach einem menschenwürdigen Leben- und darum ging es doch schliesslich auch bei dieser Konferenz über Umwelt und Entwicklung, oder?

*

Wenn man sich der Stadt vom Fluss her nähert, könnte es auch Frankfurt oder Manhattan sein. Ich wohnte im 11. Stock eines Hochhauses, und schrieb das meinen Freunden in Deutschland. Fast waren sie wütend vor Enttäuschung, schliesslich war ich in Amazonien.«Was soll das heissen, elfter Stock, im Baumhaus?"

Mein Bethlehem am Amazonas: Belém, Stadt der Mangobäume und Hochhäuser, der kleinen Bungalows und Holzhütten, heiße, immer-schwüle Stadt mit ihren täglichen Regen, den bunten Menschen, der Tropenromantik, der morbiden Schönheit. Die Namen der Früchte, fremd, Açaí, Cupuaçú, Bacurí, die leeren Plätze beim Hafen nachts, die Kneipen am Fluss zwischen verrottenden Schiffen, die Flüsse selbst so breit wie ein Meer und doch nur Nebenflüsse, das Moos an den Häusern. Vor der Kirche von Nazaré, mit riesigen Stelzwurzeln, die gewaltigen Kapok-Bäume, aus deren Blüten große Fledermäuse Nektar trinken, der ewige undefinierbare Lärm, die bordelline Atmoshäre in den nächtlichen Gassen der Altstadt, der ruhige Flug der allgegenwärtigen Geier und die schönen Polizistinnen in ihren engen, geilen Uniformen-Belém, so unfassbar wie New York und so vielfältig wie der tropische Wald, in den es gebaut wurde; trunken werden kann ich von dieser Stadt!

*

Die Weisheit der Völker des Waldes: Ihre indianischen Ahnen sind noch in ihrem Gesicht erkennbar. Sie macht irgendwelche Geschäfte und geht abends auf Männerfang, wenn ihr danach zumute ist. Durch ihre Exotik, Intelligenz und Kommunikationsfreudigkeit hat sie Zugang zu einem besonderen Klientel: Ausländischen Regierungsmitgliedern und Entwicklungsexperten mit dickem Portemonnaie und Lust auch auf ein gutes Gespräch.

Zu Anfang meiner Zeit in Amazonien war ich ihr Geliebter. Ich durfte nicht bezahlen, und als sie mir einmal von einem Kunden erzählte, und ich daraufhin sagte, ich könne ja wohl auch mit anderen Frauen, wurde sie wütend:

»Aber das ist doch etwas ganz anderes. Ich mach das schliesslich, um Geld zu verdienen, aber Du, warum willst Du das denn? Kriegst Du auch Geld dafür?« Und später: »Oder willst Du, dass ich aufhöre damit?«

Als das Eis so brüchig wurde, begann ich mich zurückzuziehen, aber wir blieben Freunde.

Am Morgen eines Rückfalles bot ich ihr eine Zahnbürste an, »die hab ich gestern gekauft.« Ihre Augenfarbe veränderte sich, »und morgen gibst Du sie einer anderen Frau und sagst, Du hättest sie gestern gekauft. Wenn Du so einer bist, wirst Du mich in Zukunft bezahlen müssen.«

*

Belemensische Nacht: Die von ihr mit Wäsche verhängte Lampe zaubert Rotlicht hervor, und Carreras singt »Moon River«, mein Lieblingslied, und im Halbschlaf kommen mir Erinnerungen an all die Verrücktheiten meines Lebens, die mich jetzt heimsuchen oder auch mit bocksbeinigen Sprüngen lustig daherkommen, und natürlich hat der Mond mich immer begleitet, auch wenn er hier falsch rum liegt, und ich denke an meinen alten Hippiefreund, der fragte, was tut der Wind, wenn er nicht weht? und spüre den ewigen Wind, der von den grossen Flüssen kommt, die das unbegreifliche Flussmeer formen, der Wind hier weit oben im Hochhaus, der die Klimaanlage überflüssig macht. Von unten dringen stupide Fetzen elektronischer Diskomusik aus den Autos der Oberklassensöhne hoch und während bei mir, im August, »White Christmas« spielt, sieht das Mädchen neben mir rot, windet sich vor Schmerzen in ihrer Menstruation, wollte nie ein Mädchen sein, wie oft hab ich das schon gehört!, und wie sehr wünsche ich, dass Du meine Tochter wärst, aber so ist sie nur meine Geliebte geworden, Felicitas, mon amour, hier in dieser Stadt, die so wenige kennen in der Welt, und die doch so nah am Puls des Lebens liegt…

*

Tage der Cholera: Welch ein Gefühl, in diesem hochmodernen Shopping Center mit seinen sterilen Hamburgerläden und Elektronikshops zu spazieren, mit seinen Gruppen von Jugendlichen, die nur noch hier leben wollen und es weitgehend auch tun und draußen, gleich nebenan, die Favela mit den schwarzen, stinkenden Kanälen und- der Cholera.

Als es nicht mehr zu überhören war, wussten die Politiker, dass sie etwas tun mussten, und das heißt auch in Brasilien: Showbusiness! Also wurde über Nacht das Baden im Meer von Recife verboten und zur Überwachung des Verbotes wurden jede Menge berittener Polizisten an den Strand geschickt. Woran erkennt man eigentlich Cholera? An den berittenen Polizisten am Strand, richtig.

Als dann jedoch die Gewerkschaft der Fischer und die Repräsentanten des Hotel- und Gaststättengewerbes protestierten, weil die Touristen ausblieben und niemand mehr die Früchte des Meeres aß, da verschwand die Polizei vom weiten Strand so plötzlich wie sie gekommen war. Der Gouverneur badete im Meer, was durch Photos in den Zeitungen ausführlich dokumentiert wurde, Politiker aßen öffentlich Fisch und alle wussten: Jetzt ist die Cholera keine Gefahr mehr!

*

Amapá ist ein dünn besiedelter Bundesstaat im Norden Amazoniens, seine Hauptstadt heißt Macapá und liegt direkt auf dem Äquator, der großen Linie der Langsamkeit. Die Hauptattraktion Macapás ist das Amapaense Palace, das brasilianischste aller Hotels. Es bietet weit mehr, als nur schlecht und teuer zu sein.

Es beherbergt eine unübersehbare Zahl von meist weiblichen Angestellten, deren Ineffizienz bis zur totalen Nutzlosigkeit maximiert ist. Nichts klappt dort, und es gibt ein dauerndes Beschwerdechaos wegen fehlender Handtücher, verlegter Schlüssel, vergessener Reservierungen und so weiter. In diesen Momenten pflegen die Angestellten sich lautlos zu entfernen und erst, wenn alles vorüber ist, tauchen sie wieder auf, aus allen Richtungen. Der einzige Mann, der Manager, pflegt in Problemsituationen die unauffällige Gestalt eines Mit-Gastes unter Gästen anzunehmen. Dabei gibt es keinen Ort auf der Welt, wo man wehrloser wäre in seinem berechtigten Zorn als im Palace, denn hier paaren sich Ignoranz und Inkompetenz mit Liebenswürdigkeit.

Selten wurde mir meine existentielle Bedeutungslosigkeit klarer vor Augen geführt als dort, als ich einmal mit verschiedenen Ansinnen zur Rezeption ging, wo drei Verantwortliche miteinander plauderten. Mich mit meinen zwei Metern und fragenden, hilflosen Blicken nicht im geringsten bemerkend oder gar beachtend, gingen sie nach einer Weile schließlich einfach auseinander. Ich lief dann in schon fast amüsierter Verzweiflung hinter einer von ihnen her, von der ich wusste, dass sie mein Zimmermädchen war. Ich rief, dass ich Toilettenpapier und ein Handtuch benötigte. Ohne anzuhalten, aber mir einen lächelnden Blick zuwerfend, antwortete sie »klar« und ich wusste, dass mein Problem für alle Zeiten vergessen und somit, im Hotelsinne, gelöst war.

*

Einige Momente aus der nordöstlichen Provinz Maranhão, einzige Region in Brasilien, wo der Samba durch jamaikanischen Reggae ersetzt wird. Als der grosse Reggaestar Gregory Isaacs einmal in der Hauptstadt São Luiz auftreten wollte, aber unterwegs seine Band verloren hatte, sprang eben eine heimische Band ein. Sie kannte alle seine Songs; er soll geweint haben vor Rührung.

Pedreiras ist eine kleine heiße Stadt im Innern der Babaçú-Palmenwälder. Sie geht schlafen, wenn andere Städte noch nicht richtig aufgewacht sind. Aber sie hat ihren zentralen Platz mit Kirche und etwa 39 Stufen, Feigenbaum und Festbeleuchtung. Hier zeigt sich abends die Jugend, besonders an der einen kleinen Straßenfront, wo einige Kneipen Stühle auf den Gehweg gestellt haben. Auf einem davon sitze ich abends und rauche meinen Zigarillo zum Bier. Auf der Straße Hektik, man fährt mit atemberaubender Geschwindigkeit, meist Fahrrad, aber auch Motorrad oder Auto, man biegt, ohne zu gucken, in die Hauptstraße ein, immer um Millimeter an den erschrockenen Fußgängern vorbei.

Doch da kommt etwas, das sich ganz banal nur an die Regeln der Vernunft hält, gemächlich und zielstrebig, ein struppiger Esel, nein, es ist ein Maultier, es zieht mit milchigem, blindem rechten Auge an mir vorbei und biegt gelassen in die Hauptraße ein.

Ja, denke ich, es ist die Strasse der Esel.

Ein junger Mann, Typ zornig und Rebell, betritt forsch die Kneipe und fragt nach Feuer, die wirren Locken in der Stirn, er guckt grimmig, zündet sich mit schnellen, abgehackten Bewegungen die Zigarette an und dreht sich um: Auf seinem T-Shirt die Aufschrift »Humor«.

*

Vier Brände in meinem Herzen: Mit B. in São Luiz bedeutet Schürzenjägerei mit viel Flirt und wenig Erfolg, wir nennen das »unser Strukturproblem«. An so einem Tag sahen wir uns plötzlich abends umringt von einer Gruppe von vier wunderschönen weiblichen Wesen, angesiedelt irgendwo zwischen neuer, seit langem vermischter Menschenrasse und Afrika. Sie sollten uns in nie gekanntem Ausmaß bezaubern. Es handelte sich um vier Schwestern, die uns später erzählten, dass sie noch vier weitere hätten. Wir schickten parfümierte Stoffrosen an ihren Tisch, und flirteten beide über Stunden mit allen vieren. Sie sind wohlerzogen und intelligent; die Jüngste von einer Schönheit, die schmerzt. Die älteste scheint streng und nach einem gemeinsamen kurzen Spaziergang mit ihr schaut uns die Kleine 30 Minuten lang nicht mehr an. Der männliche Begleiter der Damen ist ein Dichter aus Rio, er widmete der Ältesten den »Ewigen Traum«. Wir konnten uns nicht für den nächsten Tag verabreden, denn sie hatten bereits eine Verabredung mit Gott. Kurz vorm Abschied änderte die zweitälteste, bei derem Lächeln die Sonne hinter Guinea aufgeht, die Pläne: Wir treffen uns morgen am Strand.

»Was war?« fragte eine irgendwann und ich sagte, das frage ich mich seit zwei Stunden. Selten fühlte ich mich wehrloser, hilfloser als an diesem Abend im gelben Licht der renovierten Altstadt von São Luiz zur sphärischen Musik eines Saxophonspielers, erheitert vom Bier und erleuchtet von der Gesellschaft dieser liebreizenden Wesen. Bitte geht doch endlich, fort aus meinem Leben! schrie mein Herz voll Furcht und hegte bange Hoffnung, sie mögen doch nicht kommen, morgen, am Sonntag.

Als ich dann wartete am Sonntag und am Strand, setzte sich eine hübsche Mulattin zu mir und sagte, sie hätte acht Schwestern und alle seien in Deutschland, Holland und der Schweiz verheiratet. Nur sie sei es noch nicht, allerdings bereits verlobt, mit einem Grenzer aus Landshut nämlich und der käme auch bald her. Ob ich nicht mit ihr nach Hause gehen wolle, ihre Mutter, eine Mae-de-Santos, also so etwas wie eine »Hexenmeisterin des Macumba«, würde Churrasco machen.

Ich lehnte dankend ab, blieb und wartete, doch die Mädchen vom vorigen Tag, sie kamen nicht.

*

Brechen Herzen- Ein imaginärer Dialog:

»Was tun Sie denn so?«

»Ich breche Herzen entlang der Achse Belém-Rio.«

»Das stelle ich mir sehr schwierig vor.«

»Ist es auch, denn immer bricht auch ein Stück des eigenen mit...«

»Das sieht man, trinken Sie doch noch einen.«

Echt ist dies:

In einer Disko setzt sich ein schwarzes Mädchen auf meinen Schoß, vielleicht fünfzehn Jahre alt, ein Kind. Sie mag mich offenbar, small-talked, auch anzüglich, streicht dann zärtlich über mein Gesicht und sagt: »Du erinnerst mich an meine Mutter; sie hat ein Gesicht wie Du.«

*

Zur Erinnerung: Delphine sind kleine Walarten, also Säugetiere.

Was hat sie zu einem bevorzugten Ziel der Legendenbildung der Menschen gemacht? Sie gelten als hochintelligent, sind jedoch aufgrund ihrer Handlosigkeit relativ machtlos. Die Macht, auch natürliche Prozesse zu kontrollieren, vor allem aber zu zerstören, braucht die Verbindung von Hirn und Hand. Die Delphine haben entweder ohnehin keine Machtgelüste, oder aber sie kompensieren ihre relative Ohnmacht durch ihren ausgeprägten Spieltrieb.

Als sie wegen der Gewässerverschmutzung in einer südbrasilianischen Meeresbucht zu sterben begannen, erklärte ein Fischer im Fernsehen, dass er sehr traurig sei, hätte er sie doch immer als Brüder betrachtet. Selbst die Caboclos, Bewohner des Waldes und der Flüsse, die sonst so gut wie alles Lebendige jagen, schrecken zurück:

»Wer isst schon einen boto? Die sind so nett, immer spielen sie.« Obwohl sie Nahrungskonkurrenten des Menschen sind, haben die meisten Geschichten über sie etwas mit der Rettung Ertrinkender zu tun oder aber auch, wie Delphine Menschen beim Fischen behilflich sind.

Extrem faszinierend sind die Flussdelphine, die in einigen großen Stromsystemen der Welt zuhause sind. Im Amazonasgebiet gibt es eine rosa gefärbte Art (Boto-de-cor-de-rosa) mit außergewöhnlich langem »Schnabel«, die gern und gummigewandt zwischen den Bäumen der überfluteten Wälder herumschwimmt. Für die Bewohner der Flussränder hat dieser Delphin eine ganz besondere Bedeutung, verwandelt er sich doch mitunter abends in einen schönen weißen Mann und nimmt an Festen teil, wobei er durch seine Tanzkunst, Trinkfestigkeit und seinen Charme auffällt. Nicht nur die weiblichen Singles haben dann Schwierigkeiten, ihm zu widerstehen, und jedes uneheliche Kind findet so seine nasse Erklärung. Auch die sonst kaum verständlichen Zeugungen während längerer Abwesenheit eines Ehemannes. Die neuen Väter gehen übrigens um Mitternacht in ihr Element zurück, nehmen mitunter aber auch ein Mädchen mit. Auf diese Weise verschwand auch die Tante einer Freundin einer mir bekannten Oberschülerin während eines Hochzeitsfestes im Landesinneren.

Die immer weiß gekleideten Boto-Männer haben noch das Atemloch auf dem Kopf und tragen deshalb einen Hut- aber manchmal verwandeln sich die Flussdelphine auch in schöne Frauen und dann...

aber das ist schon wieder eine andere Geschichte.

*

Vatergefühle: Das sollen meine Gene sein, mit dieser Afrikanernase, dem Mund wie in einen Spiegel geschaut, den seltsam blauen Indioaugen, den Hautlappen an den Gelenken, die darauf warten, mit Fleisch gefüllt zu werden?

Das sollen meine Gene sein, die da gen Himmel gähnen mit Flusspferdmaul, das nach Milch schnappt wie ein Fisch an Land nach Luft?

Dieses Gesicht, das sich vor dem Schrei verschrumpelt, diese Hände, die gierig nach dem Schnuller greifen oder altklug den schlafenden Kopf stützen, und die im Dämmerlicht des Morgens weißbehandschuht wie Bälle auf Wasserfontänen von der Bettoberfläche in die Höhe schießen- mit einem Wort, dieses bezaubernde Wesen mit dem fragenden Blick, das doch niemals ratlos wirkt, da es immer fordert- das sollen meine Gene sein?

Sieht sie mich überhaupt, mag sie mich, fühlt sie, was ich fühle? Eulengleich öffnet sie ein Auge, schließt es wieder, lächelt. Alter Narr, das sind Deine Gene hier, und Du würdest alles tun, alles geben, für ein Zeichen des Erkennens, für ein Lächeln nur für dich, für ein kleines Zeichen der Sympathie.

3 Monate später:

Wie hab ich mich immer lustig gemacht über die Väter, die allen Ernstes behaupten, IHRE Tochter sei das schönste Kind der Welt und dann,

»aber nein, ich weiss ja, das sagen alle, aber sie ist es wirklich!«

Doch jetzt schaut mal her, meine Tochter, ist SIE nicht tatsächlich schöner als alle anderen?! Nein, so mein ich das nicht, doch nicht ich, das ist doch jetzt etwas ganz anderes…

*

Was ist das für ein Land, das seinen Kindern keine Zukunft bietet? fragte neulich ebenso entrüstet wie heuchlerisch der brasilianische Präsident Itamar Franco, als er von dem Mord an acht Straßenkindern in Rio hörte. Als ob er erst jetzt davon erfahren hätte, dass es hier Millionen von Kindern gibt, die auf den Straßen leben, und dass viele davon eines gewaltsamen Todes sterben durch Mörderhände, die häufig der Polizei gehören, und die ebenso häufig gedungen sind von braven Geschäftsleuten, die genau diese Kinder nicht mehr vor ihren Läden sehen wollen.

Es war der Auftakt zu einer Serie von Gemetzeln, die dieses Wort vorübergehend zum Lieblingswort der brasilianischen Presse machten. Es folgte ein Gemetzel von Goldsuchern an Ianomani-Indianern, das mit seltsamer Begierde von Teilen der Presse und der Politik auf vermutete 73 und mehr Opfer hochgespielt wurde, bis es schließlich noch 18 getötete Indianer waren. Schlimm genug. Mit Rücksicht auf die durchweg indianerfreundliche internationale Beobachterszene wurde fast verschwiegen, dass am Anfang dieser Ereignisse die Tötung von drei Goldsuchern stand, die sich allerdings, wie viele andere auch, illegal im Gebiet der Ianomani aufhielten. All das wirkte um so verlogener als die konkrete Politik schließlich fast immer die Goldsucher, die oft in Indianerreservaten tätig sind, bevorzugt hat.

In Rio, wo die Hügel mit ihren Slums längst rechtsfreies Gebiet sind, in den brutalen Händen von Drogenbanden, wurden einige Tage später vier Polizisten von diesen in einen Hinterhalt gelockt und abgeschossen. Einen Tag darauf drangen Dutzende von Kapuzenträgern in diese Favela ein und töteten wahllos Menschen. Es war ein Racheakt, die Mörder Polizisten, die Opfer 21 Arbeiter und ihre Frauen. Niemand von ihnen war ein Drogenhändler oder ein bezahlter Mörder. Doch welche Beziehung bestand zwischen den ermordeten Polizisten und den Drogenhändlern? Anstatt Verbrechen aufzuklären steht die Polizei immer häufiger auf der Seite derer, die sie begehen.

Ein normaler Tag, in einer Großstadtzeitung: Auf der nationalen Kriminalseite sieben Berichte, vier davon betreffen Polizisten als Täter. Im »fast-europäischen« Süden des Landes waren beispielsweise alle vier Beamte einer Polizeidienststelle wegen Drogenhandels entlassen worden; zur Zeit sitzen ihre fünf Nachfolger wegen Gewalttätigkeit und Folterungen auf der Anklagebank.

Das Fernsehen zeigte Bilder von der Ausbildung der Polizei, die Schüler schrien »ich bin ein Tier!« und mussten Schlamm fressen.

Was ist das für ein Land, wo die »Schutzmänner« eine Bedrohung sind, und wer schützt vor den Beschützern?

Szenenwechsel: Ein Wochenende in äquatornaher Inselromantik im Atlantik. Die Idylle ist wenig gefährdet, es gibt keine Autos. Das Boot, das uns hinüberbringt, wird von Delphinen umspielt. Am Strand holen uns Maultierwagen ab. Alles atmet eine andere Zeit. Ballette von Kokospalmen. Das Dorf hat sich mit Blüten geschmückt, Hibiskus, rot und knallgelb blühende Leguminosenbäume, umschwirrt von großen Wespen und Kolibris. Und all die Rot- und Lilatöne der Bougainevillea-Blätter. Das Hotel gehört einem Zugereisten. Die Strände vor den Dünen sind kalkweiß und endlos, viele Stunden sind wir die einzigen Menschen. Dann kommen einige andere Besucher, und man trifft sich an einer der rudimentären Eß- und Trinkbaracken, die es in Brasilien glücklicherweise an fast allen Stränden gibt. Krebse und kaltes Bier, dem Gaskühlschrank sei Dank. Diskussionen um den Mindestlohn, Politik, die Kriminalität. Wortfetzen, was ist das für ein Land…

Die Insel ist für Europäer ein Bilderbuchparadiess, mit ihrer Schönheit und Langsamkeit, mit der Ruhe und Weite seiner Strände. Im Dorf läuft eine verwahrloste Schafherde die sandige Hauptstraße entlang, an deren Ende ein ausgezehrter alter Mann mit toten Augen sitzt, neben sich ein viel zu lautes Radio, das eine Fußballreportage überträgt. Abends dringt etwas Wind in die Hitze ein. Um die Lampen an den Hotelwänden kleben blasse Geckos. Der Dorfplatz füllt sich mit Kindern.

Natürlich die paradiessüblichen Probleme: Abwanderung der Jugendlichen wegen Langeweile und Mangel an Wahlmöglichkeiten, was die Lebensführung betrifft. Es gibt keine Polizei und offensichtlich auch keine oder kaum Müllabfuhr. Wer profitiert vom Saison-Tourismus? Viele Fischer befördern jetzt Touristen. Ein Schild warnt die Einwohner, keine Krebse während der Eiablage zu fangen. Vor dem Hotel stöbern Geier im Müll.

Was ist das für ein Land? Es ist das Land, wo die Zitronen blühn, wo die Annonen blühn, wo der Pfeffer wächst. Ich muss gestehen: Es ist ein Land, das sich meinem europäischen Verständnis immer wieder entzieht, glatt und elektrisch wie ein Zitteraal. Es ist aber auch, Herr Franco, das Land, in dem Sie Präsident sind.

5.   Heimat und andere Irritationen

Und immer wieder Zwischenstops in der alten Heimat, dem grösser gewordenen Deutschland, das irgendwie nicht mehr mein Land sein will. Es sind die Freunde und die Sprache, nach denen man sich sehnt. Sicher, ich weiss es gerade heute zu schätzen, das gefährdete soziale Netz und die relative Rechtssicherheit, die dieses Land mir bietet. Aber es sei mir auch erlaubt, gerade hier besonders strenge Massstäbe anzulegen.

Ein überwältigender Eindruck war das Niveau des Fernsehens, immer ungelenk zwischen Schwachsinn und Peinlichkeit balancierend; aber auch die stetig wachsende Macht der Medien allgemein, mit allen Chancen und Risiken, die das beinhaltet.

Dann eine der üblichen ABM-Massnahmen. Ein Ingenieur-Kollege, älter schon, »innerlich gekündigt« nach langer Arbeitslosigkeit, steht mit aufgerissenen Augen und hängenden Schultern vor dem Plakat, das ich aufgehängt habe. Ein Plakat des World Wide Fund for Nature, »Save the Tiger«. »Ja«, gibt er nach einer Weile von sich, »was ich schon immer mal sagen wollte: Ich habe eigentlich nie begriffen, wofür Tiger gut sind…«

Für die Herstellung von Tiger-Balm, erkläre ich ihm und einige ökologische Zusammenhänge obendrauf. »Natürlich«, sagt er dann, »ich verstehe, die haben ja schon einiges zu tun- zum Beispiel diese gestreiften Dinger fressen«. »Wen bitte?«

»Na, die, wie heissen sie denn noch, die gestreiften, ja, Zebras!«

Und da spür ich sie wieder, diese immer während und stechende Sehnsucht nach dem Land der Zebras, und, weit entfernt davon, dem der Tiger.

*

Aber erst mal kommt es zu einem Ausflug nach Charterland. Wie stand doch so richtig im Reiseführer, »Karibik, so weit das Auge reicht«, und der Reiseleiter sprach von den Langfingern in den Hotels, die ja »Photoapparate und Videokameras noch nicht so gut kennen und Stücke vom Lippenstift abschneiden«. Und dabei ist das Volk doch so »voller Lebensfreude, gastfreundlich und optimistisch«. Nur, »wer schnorcheln will, muss zuerst ins Wasser gehen«, stimmt. Apropos Reiseleiter: Einer von ihnen muss gerade eine Hochzeit arrangieren, ein 25-jähriger deutscher Jungmann, der mit seinen Eltern hier ist (der Vater hat leider seine Zähne vergessen, und die Mutter beklagt sich, dass ihr Sohn so schwer Anschluss findet), will eine 19-jährige einheimische vermeintliche Jungfrau heiraten, die er vor zwei Tagen kennen gelernt hat. Der sonst abstinente Reiseleiter beginnt zu trinken.

Ich befinde mich in der Dominikanischen Republik, einem spanisch sprechenden Land, wovon Schilder wie »Wolfgangs Biergarten, Detlefs Strandpinte, Heute Spanferkel und Siggis Schaschlikecke« allerdings nur unwesentlich zeugen.

»Roberto Blanco gut«, höre ich einen düsseldorfer Touristen am Strand zu einem einheimischen Musiker sagen. Alle Deutschen heissen Manfred.

Abends in der Disco trifft sich jung und alt, von hier und dort und noch weiter, voller Optimismus und Lebensfreude. Der Optimismus der anwesenden lokalen Damen bezieht sich primär auf die Brieftaschen der ausländischen Herren.

»Der deutsche Pappi, der hier seine Mutti mitgebracht hat, hat die Arschkarte gezogen«, sagt meine deutsche Begleiterin mit fassungslosem Gesichtsausdruck angesichts der Könige der Hirnlosen und der prallen Gesässerotik einheimischer Schönheiten. Oder geschlitzte Kleider zu Klongs und überall diese Zöpfe. Plötzlich springen die aparten Kellnerinnen auf den Tresen und lassen lasziv die Hüften kreisen zur ewigen Merengue-Musik.

Die Sprache vor Ort ist angepasst, Tourismus-Pidgin, das schwankt zwischen ficki-ficki, sacki-sacki und drinki-drinki; Souvenirs sind cheapy-cheapy und happy hour sowieso.

»Bei uns im Sauerland sind die Tropfsteinhöhlen aber schöner«, sagt ein Mann, der aussieht wie ein Ossi. »Ich könnte hier nicht leben«, sagt eine Deutsche; muss sie ja auch nicht.

Doch Paradiess bleibt Paradiess, brütende Hitze am Strand, der Pulsschlag pocht an die Schläfen, Pina Colada im Kreislauf, wir unter Palmen und das Meer türkis und wunderblau.

»In so einem Moment möchte ich sterben«, sagt die Freundin.

*

Der Tod des Gerechten: Der alte Mann erfreute sich bis zu seinem 80sten Lebensjahr bester Gesundheit in seiner norddeutschen Umgebung, als das Leiden begann. Sein Arzt war halb so alt wie er, ein grossartiger, allseits beliebter Mensch, der weit über seine formalen ärztlichen Pflichten hinaus Hausbesuche machte und sich ab und an für Notfallsituationen nach Afrika abrufen liess. Der alte, schwer kranke Mann wusste, dass sein Arzt vor so einer Situation stand und sagte zu ihm, nachdem er noch einmal in seinem eigenen Haus eine Spritze bekommen hatte,« na, Herr Doktor, das wird wohl die letzte Spritze sein, die ich von ihnen bekomme". Der Arzt war schockiert, hielt den alten Mann für depressiv und sandte einen Sterbehelfer, den die Ehefrau aber wieder fort schickte.

Der Tod stand in der Zeitung, umrahmt von Bekenntnissen zwischen Entsetzen und Fassungslosigkeit. Bei einem Autounfall waren der Arzt und seine Ehefrau in Südafrika tödlich verunglückt.

6.   Gut behaust in der Verstörung

Mosambik kam aus einer langen Nacht. Es ist ein noch junges Land, geboren aus brutaler Kolonialzeit und blutigem Bürgerkrieg und immer noch beherrscht von fremden Mächten. Heute, wir schreiben das Jahr 2004, gehören die zur internationalen Entwicklungszusammenarbeit und reichen von kleinen kirchlichen Organisationen aus Deutschland oder von anderswo bis zur fast allmächtigen Weltbank. Im Schatten der Fremden wissen einige einheimische Opportunisten sehr gut zu leben, doch die Mehrheit der Bevölkerung verharrt in ländlicher Armut. Radios berichten ihnen von Korruption und Willkür, die unter Politikern und den meist asiatisch-stämmigen Geschäftsleuten in den Städten herrschen. So gab es Todeslisten und Todesfälle, die diejenigen betrafen, die das skandalöse Verschwinden von Hunderten von Millionen von Dollars aufklären wollten. Der mutmassliche Hauptverantwortliche für den abscheulichen Mord an einem bekannten und mutigen Journalisten konnte am helllichten Tag aus einem Hochsicherheitsgefängnis fliehen, besser: spazieren, zu dem nur zwei hochrangige Personen die Schlüssel besassen. Diese gar nicht so schwierige Situation konnte nie ganz aufgeklärt werden. Der Entkommene wurde in Südafrika gefangen, ausgeliefert und von einem couragierten Richter verurteilt. Er entkam ein zweites Mal und wurde schliesslich in Kanada fest genommen.

In einem anderen Fall wurden drei überführte Drogenschmuggler aus der Regierung und der oberen Ge-

schäftswelt frei gesprochen, und nur der tatsächlich ah-
nungslose Fahrer des Marihuana-gefüllten Lastwagens
musste ins Gefängnis.

Geburtswehen eines Landes, dessen Städte sich tur-
boentwickeln und dessen Strände immer noch palmen-
schön und leer sind.

*

Das sehr junge schwarze Mädchen legt ihre Hand auf
den Schenkel des sehr alten weissen Mannes. »Für wen
arbeitet er?« fragt mich die deutsche Besucherin aus der
Hauptstadt. »Für Save the Children.« »Das sehe ich«, sie
bekommt einen verzweifelten Lachanfall; sie ist schon
lange hier und milde.

*

Vom Umgang mit Mosambikanerinnen: Ein Weisser
um die 50, sehr gebildet und lebenserfahren, und eine
Mosambikanerin, etwa 20, ohne jede formale Bildung
und stark geprägt von ihrem kleinen sozialen Umfeld,
in dem es vorrangig ums Überleben geht. Sie haben eine
Liebesbeziehung, die aber nicht primär wegen des Gel-
des besteht, da das Mädchen nicht ganz arm ist. Eines
Tages kommt es zu Eifersüchteleien und, um nicht das
Gesicht zu verlieren, klärt er sie nicht ganz über einige
Geschehnisse auf, und sie verlässt ihn. Beim Versöhnungsgespräch fragt er sie, ganz europäisch-liberal, ob
sie diese Nacht mit ihm im Hotel verbringen wolle.

»Frag mich nicht so etwas, sag mir, was DU willst.

Sag mir, dein Herz möchte mit mir sein heute Nacht, dann überleg ich mir, ob ich will oder nicht. Wenn du mich aber fragst, könnte ich nein sagen, auch wenn ich eigentlich ja meine, weil ich ja nicht weiss, ob du mich wirklich magst und willst.«

Ein anderes Mal beleidigt er sie, ohne es zu wollen: Er sagt in einem Gespräch über die Kosten eines Handys, »dann besorg dir doch einen Liebhaber, der das bezahlt.«

Beim nächsten Treffen sagt sie, sie hätte sich einen Liebhaber besorgt, ganz so wie er es gewünscht hätte, und das Handy funktioniere prächtig. Er ist geschockt, das Übliche, verletzte Eitelkeit, gekränkter Stolz und so weiter, sagt ihr, sie sei eine Puta und hätte kein Herz. Sie antwortet, nein, er sei es, der kein kein Herz hat, und wer keinen Respekt zeigt, der erhält auch keinen.

»Ausserdem findest DU das gut, denn DU hast gesagt, ich soll es tun.«

Beim Versöhnungsgespräch gesteht sie, dass sie nicht getan hat, was er denkt, sondern nur hoffte, sich so an ihm rächen zu können, um das Gleichgewicht zwischen ihnen wieder her zu stellen.

»Ich habe geweint an jenem Tag und mir überlegt, wie ich dich treffen könnte. Hat es dich wirklich verletzt?«

»Du bist typisch afrikanisch«, hat er da behauptet, »entweder Krieg machen oder fliehen, nur nicht die Probleme aussprechen und lösen.« Er wischt ihre einzige Träne weg.

»Wenn du das wirklich meinst«, antwortet sie, »warum lehrst du es mich dann nicht?!«

*

Die verkaufte Braut: Sie war in Begleitung eines stadt-
bekannten Schürzenjägers. Wir tanzten einige Male, und
ich schrieb meine Telefonnummer auf ihre Hand. Ihr
Freund lief vom Wagen in die Disco zurück, kaufte noch
eine Dose Bier und löschte damit die Nummer. Es nützte
nichts.

So kam sie in mein Leben, und sie ging auch immer
wieder, oft für Monate. Wir stellten beide keine Fragen. Sie sagte, sie müsse ihrer Mutter in der Landwirt-
schaft helfen, was ja durchaus möglich war. Wie so viele
Mädchen in Mosambik glaubt sie, dass mit nur einem
oder zumindest wenigen Partnern zu schlafen, sie vor
ansteckenden Krankheiten schützen würde. Aber einmal
wurde sie doch schwanger von ihren Reisen; während
eines gemeinsamen Mittagessens fiel sie vom Stuhl. Da
mein Wagen gerade in der Werkstatt war, rief ich einen
Kollegen an, und wir brachten sie ins Krankenhaus. Die
verantwortliche kubanische Ärztin war nicht aufzufin-
den, die Freundin verlor das Kind.

Sie besass viel Herzensbildung, trotz ihrer Armut
wollte sie nie Materielles von mir. Eines Morgens, wir
lagen noch im Bett, sagte sie plötzlich, sie müsse am
Abend mit mir reden. Abends sagte sie dann verschämt,
dass sie ein paar Schuhe bräuchte, wie peinlich ihr das
sei, und wo sie sie gesehen hatte. Alles war ganz einfach
und ehrlich.

Wir verbrachten immer mehr Zeit miteinander, wuch-
sen immer mehr zusammen. Doch plötzlich war sie
wieder weg, und ich spürte, diesmal war es anders als
früher, etwas war geschehen.. Doch ihre Cousinen taten

geheimnisvoll oder unwissend und verrieten nichts. Eines nachts erzählte mir dann aber doch eine von ihnen, dass ihre Mutter sie nach dem Tod ihrer Schwester in die Hauptstadt geschickt hätte, damit sie ihrem Schwager Ehefrau und seinen Kindern Mutter sei. Dieses ist eine, heute natürlich umstrittene und nur noch selten praktizierte, alte Tradition ihres Stammes. Ich verstand, dass es in Anbetracht der Entfernungen und der Armut die einzige Möglichkeit für die Grossmutter war, Kontakt zu den Enkelkindern zu halten.

Später dann rief sie aus Maputo an. Wir trafen uns dort zu meinem Abschied, sie sagte wenig, hatte immer Zeit, und es war wunderschön.. Lange nachdem ich zurück gekommen war, meldete sie sich wieder bei mir. Sie habe den Mann verlassen und sei jetzt auch wieder im Norden des Landes. Sie war füllig geworden, hatte eine modische Grossstadtfrisur und erwähnte, dass ihre Tochter einen zu grossen Kopf habe. Sie sagte, noch einmal würde sie mich nicht verlassen, doch ich antwortete ihr, dass es nicht möglich sei, einfach da weiter zu machen, wo wir vor drei Jahren aufgehört hatten. Sie schwieg dazu.

Beim nächsten Treffen klaute sie mir 300 Dollar aus meiner Hosentasche und fuhr damit zurück in die Hauptstadt.

*

Über Züge. Zum Beispiel der Aufzug in einem Hochhaushotel in Maputo, Zimmer 806. Als ich erschöpft nachts heim komme, fällt der Strom aus. Ich schleppe mich keuchend die 8 Stockwerke hoch, stecke den Schlüssel ein- er will nicht passen. Ich schaue ihn an: Es ist die Nummer 406.

Ein anders Mal, schon in den letzten Zügen, fand ich mich in einem frühen Zug. Ich traf um 5.30 Uhr morgens auf dem Bahnhof ein, wusste aber nicht, dass es 2 in entgegen gesetzte Richtung fahrende Züge gab. Ich hielt die beiden für einen, nahm natürlich den falschen, wunderte mich nicht über die Verspätung und wurde erst misstrauisch, als wir in die falsche Richtung fuhren. Glücklicherweise hielt der Zug nach 12 Km an, und ich konnte aussteigen. Die Geschichte brachte mir landesweit Spott ein, schliesslich war es in »meiner Stadt«, nach immerhin bereits 18 Monaten Aufenthalt, und jenes Wochenende war gelaufen, denn es gab nur einen Zug täglich.

Später einmal fragte mich ein dänischer Freund, wer denn die Frau an meiner Seite sei.

»She shows me the way to heaven«, sagte ich.

Er antwortete mit Bedacht:« If you go there, don`t take the train."

*

Blau und Schwarz. »Blau, wie blau kann der Himmel sein?« singt mein Lieblingssänger Hans Albers. Ich habe das absolute Blau erlebt, damals, im 20. Stock eines Hochhauses an der Strandpromenade von Recife, auf einem kleinen Balkon, umtost vom blauen Wind. Der Ausblick war horizontlos, Meer und Himmel waren eins geworden, hatten sich miteinander verblaut.

Schwarz, wie schwarz kann die Finsternis sein? In Europa reflektiert jede Nacht irgendwelche künstlichen Lichter, schwärzeste Finsternis ist für uns eher ein Begriff aus der Innenwelt. Wie konkret er aber sein kann, das hab ich hier, auf dem stromlosen Lande in Mosambik, erlebt, als ich in einer mondlosen Nacht aus meinem Hause trat, um wohin zu gehen. Die absolute Schwärze traf mich wie ein Schlag und, ich gestehe, machte mir angst- soviel Verlorenheit, soviel Nichts und diese Stille…ich rannte schnell zurück in mein Zimmer und fühlte mich wohl im Solarfunzellicht und beim Lesen mit der Taschenlampe, eine Situation, die Erinnerungen an die Kindheit und fliegende Insekten gleichermassen anzog.

In der Tat bestimmt hier auf dem Lande der Mond das nächtliche Leben. Ist er voll und schenkt sein bläuliches Kunstlicht, das die Nacht hell und zu weder-Tag-noch-Nacht macht, hören weder die Insekten noch die Trommeln, die batuques, auf zu sprechen und von fern oder auch nah höre ich Lachen und Schreien aus einer Welt, zu der ich doch nicht ganz gehöre.

*

Brief an Hans aus Hamburg:

Ich war endlich in der Hauptstadt und wollte einen los machen, da bekam ich eine Allergie, rote Punkte überall an Körper und Gesicht, so wie in den Witzen, die ging dann in Fieber über. Ich flog nach Hause, machte einen negativen Malariatest, quälte mich ein Wochenende lang rum, um am Montag erfrischt mit 39.5 Celsius aufzuwachen (meine Normaltemperatur sind schlappe 36). Also war es doch Malaria tropica und schon ziemlich spät. Nach all dem Stress und dem Schwitzen und der permanenten Wasserknappheit- immer nur aus dem Eimer- hatte ich anschliessend natürlich einen Pilz auf der Eichel. Nachdem ich auch dessen Rückfall erfolgreich bekämpft hatte, stellte ich fest, dass ich Filzläuse hatte, vermutlich von der Frau, die doch mein Haupttrost gewesen war. Da es hier keine vernünftigen Gegenmittel gibt, war ich auf eine ätzende Säure angewiesen, mit der man eigentlich WCs desinfiziert. Ich benutzte sie ziemlich dilettantisch, so dass weniger die Läuse als vielmehr alles andere abfiel. Für eine 10-Jahres Bilanz wäre das alles ja gar nicht so schlecht gewesen, aber für 4 Wochen.... Ich hatte Zeiten, wo ich mich nicht auf die Strasse traute, weil ich fürchtete, ich würde überfahren!

Hier in der Provinzhauptstadt, in unserem Büro, in dem ich auch wohne, haben wir jetzt fliessend Wasser- die Installation hat 2 Monate gedauert (woanders ein 3-Stunden Job), dafür wird das Brunnenwasser in meiner ländlichen Heimat, trockenzeitbedingt, immer knapper. Wir werden uns bald einen eigenen Brunnen bauen müssen; hier lernt man halt die grundlegenden Dinge des Lebens wieder schätzen. »Verschütte kein Wasser!« ist nicht grünes Luxusbewusstsein, sondern bittere Notwendigkeit. Nur, habe ausgerechnet ich das nötig? Muss ja wohl so sein, sonst wäre ich ja nicht hier, sondern an einem normalen Ort. Leere Bierdosen schmeissen wir einfach über den Zaun. Im Handumdrehen sind sie verschwunden und recycelt.

Momentan ist es heiss, heiss, heiss, der Schweiss rinnt, wenn ich auf die Computertasten haue. Ich weiss, dass ihr an mich denkt an meinem Geburtstag (3.Oktober);

hier machen wir eine 3-Tagesfete auf meinem Landsitz und feiern ausser dem Geburtstag und der Wiederver-einigung noch den Friedenschluss von Mosambik, die Einweihung unserer Reisschälmaschine und die Schön-heit eines Endlosstrandes 50 Km von hier.

In diesem Sinne, halt steif, was noch steif wird (z.Bsp. die Ohren) und grüss alle, die mich noch lieben,

Dein RK

*

Als Jugendlicher hatte ich die ausgefallene Idee, im Werkunterricht ein Schuppentier aus Ton zu modellie-ren. In Mosambik nennt man dieses Geschöpf, das laut Fachliteratur pro Tag 180 Gramm Ameisen und Termi-ten isst, Pangolin.

Das Pangolin gilt hier als »wertvolles Tier«. Einheimi-sche bieten es mitunter zum Verkauf an, verlangen grosse Summen und sagen, das Tier sei nämlich sehr wertvoll. Auf die Frage warum wissen sie keine Antwort, und meine verzweifelten Beteuerungen, dass ich so ein Wesen doch gar nicht ernähren könnte, und was ich überhaupt damit anfangen solle, kontern sie mit »es ist aber sehr wertvoll, andere Weisse kaufen es«, was sicher nicht stimmt. Sie selbst füttern es mit Maniokbrei, und es stirbt schnell.

Es hatte aber und hat vielleicht immer noch in abgele-genen Gegenden medizinische Bedeutung, lokale Heiler kennen den Nutzen und bezahlen für das Tier; dieses Wissen droht allerdings verloren zu gehen wie so viel Wissen um traditionelle Heilmethoden.

Der mosambikanische Schriftsteller Mia Couto beschreibt eine andere, mythologische Rolle des Schuppentieres als Begleiter des Menschen hinüber ins Reich der Toten. Ein anderer Volksglauben besagt, dass das Pangolin vom Himmel fällt und Unglück bringt. Man sollte es zu einem traditionellen Führer bringen, damit es die Zukunft vorhersagt.

In meinem bevorzugten Biergarten kam eines Tages die Kellnerin, die mitunter vorne leicht über meine Hose strich und fragte »wie geht's ihm denn heute?« zu mir und drückte mir geheimnistuerisch einen Zettel in die Hand. Gespannt öffnete ich ihn nach einer Weile, es stand nur ein Wort drauf: Pangolin.

In Zimbabwe ist das Pangolin auf der 2-Dollar Münze zu sehen, die ist momentan 4 Cents wert.

*

Manche Menschen sind dumm, manche langsam, sicherlich. Stellen wir uns einmal vor: Ein weisser Intellektueller mit Doktortitel und ein schwarzer Hotelrezeptionist mit rundem Kopf, verständnislosem Blick und allenfalls schneckenhaften Bewegungen. Der Weisse will seine Rechnung bezahlen, ständige Nachfragen, Unverständnis, Missverständnisse- es dauert und dauert. Dann unterläuft dem ungeduldigen Kunden im Dialog ein Fehler, er nennt ein einziges Mal eine falsche Summe. Im Bruchteil einer Sekunde verändert sich der Gesichtsausdruck des Hotelangestellten, mit plötzlich blitzartigen Bewegungen schiebt er Geld und Rechnungen hin und her, schreibt und stempelt, um dann sofort wieder wie zuvor fragend-unschuldig drein zu blicken und sich im Zeitlupentempo zu bewegen. Langsam dämmert dem Weissen, dass etwas schief gelaufen ist.

»Nein, warte, das sind doch jetzt eine Million Meticais zuviel«.

»Aber Patrão«, dunkle Kulleraugen blicken ihn nachsichtig an, »das haben wir doch alles geregelt. Sie haben es selbst gesagt, das ist schon in Ordnung so.«

Der Herr Doktor kann in der Tat nichts mehr ändern, alles ist ausgeschrieben und abgestempelt- so zahlt er fluchend und schimpfend und wird noch Wochen später vor Wut schäumen, wenn er an den teuren Vorfall denkt.

*

Ort der Hexen und Saurier: Es ist eine kleine Hafenstadt, die seit ihrem beispiellosen Niedergang eine eigentümliche, ein wenig jenseitige Atmosphäre ausstrahlt. Paralysiert, sagen die Einheimischen, und dabei war es einmal ein Hort geschäftlicher Aktivitäten und abendlicher Vergnügungen. Am Ende des Bürgerkrieges jedoch genügte der mit lautem Knall platzende Reifen eines einfahrenden Autos, um 10.000 Menschen in die Mangroven fliehen zu lassen. Später schlossen die Plantagen und die Fabriken, Unternehmer wanderten aus, Restaurants und Kneipen blieben leer. Eine Spirale des Niedergangs, in ihrer Totalität nicht leicht zu erklären.

Es blieb das Gerippe einer Stadt ohne Leben, voller verlassener Häuser und leerer Geschäfte. Wenn man durch den grössten Bairro fährt, sieht man überall Gruppen junger Männer rumlungern und Frauen, die einzeln oder zu zweit sich auf ihren Veranden räkeln, vielleicht neben sich zum Verkauf eine Schachtel Streichhölzer und einige Orangen. Sie schminken sich die Unterseite ihrer Augen, mit denen sie dich rufen, wenn du im Auto vorbei fährst. Sie sind berühmt im Land für ihre Schönheit, Ergebnis Jahrhunderte langer Vermischungen von Afrikanern, Portugiesen, Arabern und Indern, gelten aber auch als Hexen.

Meine Kollegen wollten mich nicht alleine dort hinfahren lassen, eine Frau wird dich rufen, sie nimmt deine Hose, um sie zu waschen, aber sie wird niemals trocken, warnten sie mich. Gleichwohl kamen die meisten meiner Freundinnen immer von dort, allerdings hatten sie sich inzwischen über das ganze Land verstreut- sie sind verzweifelt über den Zustand ihrer Stadt und verlassen sie, wenn irgend möglich; doch niemals würden sie etwas Negatives über sie sagen.

Vor einiger Zeit gab es in diesem sonst sehr friedlichen, allzu ruhigen Ort einen Mord- die Stadtverwaltung reagierte schnell: mit einer abendlichen Ausgangssperre. So fiel auch die letzte und einzige Beschäftigungsmöglichkeit für viele weg, die Abendschule, denn die Polizei begann wahllos Schüler auf dem Schulweg zu verhaften.

Als es noch etwas Leben gab dort, traf man auch jede Menge ungewöhnlicher Menschen, wie etwa die Südafrikaner, die mit dem Motorrad durch Afrika fuhren oder einen charmanten Holländer, der mit 3 jungen Europäerinnen auf einem Segelboot den Shire-River in

Malawi und den Sambesi runtergefahren war und dann die Küste hoch bis hierher.

Jede Menge merkwürdiger Geschichten kursieren dort. Als Viagra bekannt wurde, lachte man sich tot, gab es so etwas doch schon lange. Eine Frau hatte jüngst ihrem untreuen Liebhaber durch ein Pflanzenextrakt einen Dauerständer verschafft, was seine nächste Frau so entnervte, dass sie ihn schliesslich verliess. Er liess sich darauf hin operieren und verlor eine seiner männlichen Fähigkeiten für immer.

Die Geschichte, die mich bis heute beschäftigt, ist jedoch von ganz anderer Art. Es liegt einige Jahre zurück, als einer meiner jetzigen Kollegen, der dort als Berater von Fischern arbeitete, von jenen gerufen wurde. Sie hatten ein etwa kuhgrosses Tier gefangen und getötet, wie sie noch nie eines gesehen hatten. Es lag dann eine Woche am Strand, wurde aber nach und nach von den sehr armen Leuten weggebracht und gegessen, schliesslich lagen nur noch die Knochen dort, und die wurden bald vom Meer weggespült. Auch die ältesten Fischer der Region sagten, sie hätten noch nie so ein Tier gesehen. Zu der Zeit kannte man schon Videos, und manche nannten es Godzilla. Der Berater sah das Tier etwa eine Woche lang und hatte und hat bis heute nicht die geringste Ahnung, was es sein könnte. Da er aber geschult ist in der Identifikation von Arten, hat er es genau betrachtet und eine relativ detaillierte Zeichnung angefertigt. Sie zeigt einen Plesiosaurus.

Der Berater ist vertrauenswürdig und trinkt nicht. Es gibt keinen Grund für ihn, sich so eine Geschichte auszudenken. Leider gibt es auch keinen Beweis. Er hatte damals keine Kamera, und der einzige Biologe in der Nähe gerade keinen Diesel. Auch war dieser nicht wirklich interessiert, da er eigentlich hatte Physik studieren wollen, aber die sozialistische Regierung hatte Marine Biologie für ihn angeordnet.

Die Unschuld des Beraters ist für mich der eigentliche Beweis für die Wahrhaftigkeit dieser Geschichte; wenn jemand, vielleicht selbst leicht benebelt, im Frühnebel am Loch Ness einen Baumstamm in der Ferne vorbei treiben sieht, dann weiss er, was er da sieht. Es ist natürlich Nessie, denn den kennt er und den will er sehen. Genau so etwas trifft aber nicht zu in diesem Fall; der Berater hat etwas wiederholt und mit eigenen Augen gesehen, von dem er nicht ahnt, welche Bedeutung es haben könnte in unserer Welt.

Eine andere Geschichte aus der gleichen Stadt, auch mit Fabeltier, aber mehr über Menschen. Eine Geschichte, die keine Chance hat von Europäern verstanden oder geglaubt zu werden, die aber in dieser oder ähnlicher Form überall in Afrika zum selbstverständlichen Alltag gehört. Eine der Eigenschaften dieser Art Geschichten ist, dass man sie immer nur indirekt hört, von jemandem, der jemanden kennt, dem sie erzählt wurde.

Ein Lehrer, bekannt als fröhlicher Zecher, hat Frau und zwei Kinder und eine Geliebte aus jener kleinen toten Stadt. Eines Tages lädt sie ihn ein, sie dort zu besuchen und auch ihre Eltern, die auf einer Insel leben, kennen zu lernen. Sie fahren mit einem einheimischen Segelboot, dem sich plötzlich ein grosses Tier mit aufgesperrtem Rachen nähert. Der Mann reisst sich sein T-Shirt vom Leib und wirft es in das Maul des Ungeheuers, das abtaucht. Auf der Insel angekommen, erzählt er der lächelnden Mutter der Freundin die Geschichte, worauf diese sagt, ja, wir haben dich erwartet und ihm sein T-Shirt zurück gibt.

Wie dem auch sei, zurück in seiner Heimatstadt verstiess er Frau und Kinder und begann mit der Ex-Geliebten zu leben; er verlässt das Haus nur noch, um zur Arbeit zu gehen. Seine neue Frau indessen erzählt diese Geschichte herum.

*

Von Löwen und Menschen: Afrikanische Kinder auf dem Lande wissen nicht unbedingt, wie ein Löwe tatsächlich aussieht, denn den gibt es meist nicht mehr und einen Fernseher im Dorf auch nicht. Ein europäisches Kind dagegen hat wahrscheinlich im Streichelzoo schon mal ein Löwenbaby im Arm gehalten. Wenn dann doch einmal – in Afrika- Löwen auftauchen, werden sie häufig für verwandelte Menschen gehalten. Das gilt aber nicht für jene, die im Krügerpark dort leben, wo arme Mosambikaner Löcher in den Zaun schneiden, um ins gelobte Südafrika zu gelangen. Diese Menschen dienen häufig den dort wartenden Löwen als leicht erbeutete Mahlzeit.

Auch Krokodile, denen ziemlich viele Menschen zum Opfer fallen, gelten oft als verhext, unter dem Befehl alter Zauberinnen stehend. Sie fressen niemals weisse, erzählte mir ein Kollege, nur immer schwarze Frauen. Nein, antwortete ich ihm, weisse Frauen haben einen

Wasseranschluss im Haus und müssen nicht ihre Wäsche im Fluss waschen.

Einmal fuhren wir durch eine ländliche Gegend und trafen die Männer der Region mit Speeren und Macheten bewaffnet an. Auf unsere Nachfrage antworteten sie, dass sich ein Löwe in der Gegend aufhielte. Aber, fügten sie bald hinzu, wahrscheinlich ist es doch kein echter Löwe, sondern ein verwandelter Mann, denn er töte nur weibliche Ziegen.

So war diese Nachricht in der Tageszeitung des Landes wenig verwunderlich: Es gab im Jahr 2002 in einer kleinen Küstenregion der wilden Nordprovinz Cabo Delgado 28 Menschen, die Opfer von Löwen geworden waren. Las man den Artikel weiter, erfuhr man, dass von diesen nur 13 wirklich von Löwen gefressen worden waren, die restlichen 15 waren Opfer menschlicher Lynchjustiz, weil man sie beschuldigte, sich in eben diese Löwen verwandelt zu haben.

*

Besuch von Kuddel aus Lübeck. Kuddel war ein gestrandeter Seemann, ein Verlorener in der Stadt, er bewegte sich mit der Eleganz eines See-Elefanten durch das Leben an Land. Dabei war er ein Allroundman, als Bauer, als Bauhelfer auf den höchsten Türmen, als Texter in der Werbeagentur, immer stand er seinen Mann. Aber sein einziger seriöser Versuch, seinen Platz in der Gesellschaft zu finden, scheiterte so tragisch wie typisch für ihn: Unter Zigtausenden von Studenten wurde er selektiert und kontrolliert und verlor sein Stipendium für die Seefahrtsschule wegen kleiner, durchaus üblicher Unregelmässigkeiten bei der Abrechnung. Es war eine Art Todesurteil, denn er war ein Pechvogel, einer jener Menschen, die auf mysteriöse Weise immer das Unheil anziehen, denen alles daneben läuft. Nur er konnte nachts besoffen in den gut gesicherten Kanal fallen und pitschnass morgens beim Bahnhofsfrisör erscheinen. Und immer und überall, auch wenn es niemand hören wollte, sang er „Kansas City."

Dabei war er ein glänzender Rhetoriker, brillianter Imitator und höchst origineller Stehgreifwitzbold. Der Alkohol jedoch verstärkte seine Neigung zum Monolog und zur Wiederholung. Unvergessen seine Geschichten mit der afrikanischen Häuptlingstochter, die er dann, der weisse Matrose, doch nicht haben durfte sowie sein Auftritt zum Gedenken an Rudi Dutschke: Er liess eine gewaltige Weinflasche leer hinter sich, ging aufs Redner- podest und sagte zu den Tausenden andächtig, ergriffen und zornig Lauschenden »Sie haben Rudi Dutschke um- genietet«. Es folgte ein langes Schweigen, vereinzeltes Gelächter, mehr Schweigen, mehr Gelächter, schliesslich ging er ohne weitere Worte von dannen- neuen Wein suchen.

Aber er wurde immer isolierter und begann, job- und wohnungslos, unter Brücken zu schlafen. Natürlich klappten auch die ersten Selbstmordversuche nicht, Ta- bletten-Dosen, die Elefanten getötet hätten, überlebte er. Auch das nahm er nicht ohne Humor.

Er verschwand vor etwa 20 Jahren, nie wieder hörten wir von ihm. Es waren schon einige vor ihm in unserer kleinen Hafenstadt gewesen, die, zwischen zuviel Alkohol und zuviel Depression wankend, verschwunden waren- und die man später tot auffand. Aber ihn nie.

Es war eine kühlere afrikanische Nacht und ich schlief schlecht und träumte viel. Ich erinnere meine Träume fast nie, diesen schon. Ich traf einige junge Deutsche in einer imaginären Stadt in Mosambik, unterhielt mich mit ihnen, als plötzlich Kuddel, der Vergessene, den Raum betrat und mich anstrahlte. Er hatte lange Haare, wie ganz früher, aber er war ganz intensiv da.

»Ja, Kuddel, du bist hier in Mosambik?!« sagte ich wenig intelligent und wachte auf. Der Körper neben mir war schwarz und weich und Weib.

7. Westlich des Mekong

Westlich des Mekong liegt in Laos nur eine Provinz. Ihre Hauptstadt ist, wir schreiben das Jahr 2004, ein verschlafenes Nest mit Elektrizität und Handies, aber noch ohne rush hour. Mopeds der ebenfalls noch ziemlich ruhigen Hauptstadt Vientiane sind hier durch Fahrräder ersetzt; häufig hat man beim Fahren einen Schirm als Sonnenschutz in der Hand. Der Rohbau eines überdimensionierten Palastes, natürlich mit Entwicklungshilfegeldern gebaut, beherrscht das Zentrum. Alter Inter-Hotel Charme auf der anderen Seite der Strasse, dort wohnen wir. Am Fluss ein schönes Restaurant mit Ausblick auf Bambushaine und bewaldete Bergketten gegenüber. Der Provinzgouverneur, der uns nachmittags noch als griesgrämiger Breschnew erschienen war, wird mit jedem Whisky jünger und entspannter, und wir scheiden schliesslich als Freunde in einem Meer von leicht alkoholisierter Herzlichkeit. Das Abendessen enthielt Süsswasserschildkröten und auf zwei Arten zubereitete Schweineföten.

Am nächsten Tag, nach 95 km, die wir in 6 Stunden bewältigten, erreichen wir Bilderbuchasien, Shangri La. Ein Tal in diesen intensiven Grüntönen, die nur der Reis hervor bringt, einzelne Palmen, kleine Hütten mittendrin. Ringsherum die bewaldeten Berge. Man bringt uns in ein verwunschenes Haus am Stadtrand, isoliert, riesig, unwirklich. Es gehört den Insekten, ein Teppich von ihnen, tot, bedeckt den Boden des Flures und der Balkone. Die lebenden sind gigantisch: Motten, so gross wie meine beiden Hände, fingerlange Zikaden und Heuschrecken. Nachts schreien riesige Geckos, laut wie Ochsen, ihr »To-keh« in die Dunkelheit. Es heisst, das Haus wurde für den Kurzbesuch einer thailändischen Prinzessin gebaut.

Ohne dass jemand anwesend war, fand mein Kollege seine Toilettentür eines Tages von innen verschlossen vor; das Fenster konnte man sowieso nicht öffnen. Eine laotische Familie lebte auf dem Gelände und war verantwortlich für den Betrieb, ein sehr tuckenhafter Junge brachte uns abends das Bier, ein nach Disko aussehendes junges Mädchen morgens den Kaffee. Die Mama versuchte uns zu betrügen beim Abschied, kleine Summen nur.

Der Distriktgouverneur führte uns eines Abends zum Tanzen aus. Mädchen, die natürlich aus anderen Provinzen stammen, setzen sich zu dir an den Tisch und trinken mit dir. Sie sind prozentual am Umsatz beteiligt, gehen aber auch mit ihren Gästen ausser Haus. Die Musik ist Karaoke, laotisch, thailändisch und getanzt wird vor allen mit den Händen. Gegen Mitternacht tanzt der Gouverneur mit den Mädchen einen laotischen Volkstanz in Formation.

Als wir, schweren Herzens, die Provinz verlassen, durchqueren wir einen Fluss, der fast die Scheiben unseres Autos berührt. Auf der anderen Seite spazieren Elefanten, die je 2 Touristen tragen, die wahrscheinlich »the last unknown« erleben wollen. Jetzt blicken sie hasserfüllt auf den Toyota herunter, der sie mit 3 lachenden Langnasen drin überholt.

8.   Zwei Liebesgeschichten und kein Ende

Liebe Macht

M acht denn Liebe nun blind oder sehend? Tatsache ist, dass sie bestimmte Teile des Körpers aktiviert und bestimmte Teile des Hirns ausschaltet.

Als ich das Mädchen in Ghana verliess, sah sie ein wenig schwanger aus. Jenes waren die Tage, da der e-mail-Verkehr noch nicht so verbreitet war, man lebte in totaler Abhängigkeit von Telefon und fragwürdigen, internationalen Postdiensten. Ich war bereits in Mosambik und bekam eines Tages einen Anruf von ihr aus der Schweiz. Ich wusste, sie hatte dort einen Freund, Mann einer Freundin, dessen Persönlichkeit durch allerlei Ju-Ju in Ghana schon ein wenig verändert war. Sie selbst hatte unter Schwierigkeiten in der Schweiz meinen Sohn zur Welt gebracht, und ab und zu rief sie mich an, wollte nichts von mir, aber immer mit dieser Grabesstimme. Informationen, wie sie, die chronisch Geldlose, in die Schweiz, in das teuerste Land, gekommen war, blieben sehr undurchsichtig. Eines Tages rief sie dann aus Dänemark an, da wohnte sie jetzt, und sie wollte einen Laden aufmachen. Wieder lebte sie bei einem platonischen Freund, vermittelt durch den schweizer Bekannten.

Sie hatte das Kind bei sich, arbeitete und eröffnete schliesslich den ersehnten Laden in einer dänischen Kleinstadt. Um ungestörter ihre Existenz aufbauen zu können, gab sie das Kind vorübergehend zu einer Tante nach London; von jetzt an brauchte sie Geld.

Einmal schickte sie ein Photo, ein sehr weisses Kind auf ihrem Rücken, es trägt meinen Namen, sagte sie. Ich wusste, um in Dänemark bleiben zu können, musste sie verheiratet sein. Unwillig antwortete sie schriftlich, sie hätte eine Scheinhochzeit mit dem Bruder ihres Freundes veranstaltet, der aber meistens in Amerika sei.

Wenn ich nach Deutschland kam, und wir uns in Dänemark trafen, waren es konspirative Treffen. Sie musste aufpassen wegen der misstrauischen Einwanderungsbehörde, und auch wusste die Familie der Brüder nichts von der wahren Geschichte, der falschen Hochzeit also, und die Familie hatte überall Bekannte, die sie erkennen könnten. Sie verliess die Hotels nicht. Sie wollte mich heiraten, aber gab keine Antwort, wie sie sich das vorstellte, wo sie doch verheiratet war. Überhaupt, wie sie sich ein Leben mit mir vorstellte, der ich doch nur im armen Teil der Welt lebte, dem sie gerade entronnen war... Wenn sie in Schwierigkeiten war, rief sie ihren platonischen Freund an, bei dem sie lebte und sagte ihm in harschem Ton, was er zu tun hätte. Sehr am Rande erfuhr ich, dass dessen Frau ihn verlassen hatte.

Dann kam die Nachricht von dem Autounfall in England, es gab zwei Tote, und wenig später starb auch unser Sohn an den Folgen. Ich war anderswo unabkömmlich, sie fuhr allein nach London, begrub den Sohn aber in Dänemark.

Wir trafen uns weiter heimlich, sie wollte wieder ein Kind. Wir telefonierten auch häufig, und sie erzählte merkwürdige Geschichten von Verrückten, die sie verfolgten, Ärzten, denen der Geifer aus dem Mund tropfte bei der Untersuchung und aufdringlichen Beamten bei der Einwanderungsbehörde. Auch wurde sie Opfer eines Ju-Ju, der von Ghana aus betrieben wurde, und den sie letztendlich mit Hilfe einer Londoner Eingeweihten telephonisch auflösen konnte- er kam von eifersüchtigen Freundinnen daheim. Dort wurden auch Fetische in ihrem Zimmer gefunden und entfernt, danach ging es ihr wieder besser.

Mir fiel der Gegensatz auf zwischen ihrem Klage-Ich, wenn sie mit mir telefonierte und ihrem sehr selbstsicheren Umgang mit der Aussenwelt, wenn wir zusammen waren.

Sie überwand ihren Kummer, arbeitete in ihrem Laden, und ich half ihr von Hamburg aus, wo ein afrikanischer Grosshandel zu Hause ist, und wo sie mich auch manchmal besuchte. In Dänemark zeigte sie mir ihr Geschäft, als sie meine Zweifel spürte. Ihre frisch angekommene ghanaische Freundin wollte meine Tasche tragen, nein, sagte sie, das hier ist Europa, hier tragen die Männer die Taschen.

»Ich liebe dich auch, wenn du mich nicht unterstützt«, sagte sie, »aber dann muss ich eben mehr arbeiten und habe weniger Zeit für dich.« Sie wollte mir das Grab unseres Sohnes zeigen. Wir fuhren zu einem Friedhof, sie zeigte auf eine leere Stelle im Rasen und begann zu weinen. Sie hatte kein Geld für einen Grabstein gehabt.

Nach einiger Zeit in Hamburg ging ich zurück nach Mosambik, und sie tat in ihren wenig informativen e-mails sehr geheimnisvoll – sie war wieder schwanger. Das Kind kam spät und war sehr klein und überlebte nur knapp die ersten Wochen. Irgendwann schrieb ich ihr, ich sei es leid, immer nur Trauergeschichten von ihr zu hören und wie schlecht es ihnen doch ginge. Von da an schrieb sie nur noch positives, und es ging ihnen immer gut.

Später durfte ich ihr einige Male helfen, horrende Kautionen für eine eigene Wohnung zu zahlen. Bei einem Kurzbesuch in Europa traf ich sie und das süsse Kleinkind; sie lebte jetzt in einer anderen Stadt. Der nächste Besuch war in ihrer neuen Wohnung. Als ich die betrat, wusste ich sofort und endgültig, dass wir keine gemeinsame Zukunft hatten. Keine Afrikanerin würde so etwas verlassen, ich selbst hatte es nie besessen, aber in diesem Falle wohl schwer mitfinanziert. Sie hatte inzwischen eine Aufenthaltgenehmigung erhalten. Ihre ältere Adoptivtochter fragte die Mutter, warum die Kleine nicht schreit, wenn ich sie auf den Arm nehme. Sie schreit doch sonst immer bei Fremden, und in Ghana durfte sie doch auch keiner anfassen.

Als ihre Mutter und ich uns schwermütig verabschieden, blickt die Kleine sehr aufmerksam von einem zum anderen mit so wissenden Augen, dass ich noch lange hinterher zittere.

Sie zogen wieder um. Die Kleine lernte laufen und beim nächsten Mal erlaubte sie mir nicht mehr, sie anzufassen.

Globalisierung und Cyber Love

M ir war nie wohl dabei, als der Begriff Globalisierung ein modischer wurde und häufig auch reduziert darauf, dass einige Halbwüchsige mit Zahlen am Computer spielen und weltweit in Sekunden Geldmengen bewegen, die die Menge tatsächlich produzierter und gehandelter Güter bei weitem übertreffen. Zumindest seit ich auch in Deutschland ägyptisch und indonesisch essen ging, beim Türken einkaufen und in afrikanische Diskos, war ich der Ansicht, dass Globalisierung mit dem Bau des ersten Bootes begann. Sie ist unumkehrbar, macht aber nur Sinn, wenn es dabei in erster Linie um Menschen geht, nicht um Geräte, Zahlen und Märkte. Seit Jahrzehnten schon produzieren deutsche Schlachter Würste in Regenwaldorten, und ich selbst habe in Ghana für eine deutsch/schweizerische Firma gearbeitet mit Kollegen aus Ghana, England und dem Libanon, unter einem Inder. Ich hatte einen weissen Zimbabwer als Freund, der einen britischen Pass besass, in USA lebte und einen Job für eine holländische Organisation in Mosambik machte.- Was ist eigentlich ein Globalisierungsgegner?

Mir war nie wohl bei der zu armseligen Auswahl aus zufällig getroffenen Personen, aus der man dann den Partner fürs Leben wählen soll. Selbst als mein Radius beträchtlich grösser geworden war als der der meisten Leute, hatte ich noch dieses Gefühl. Auch als die Partnersuche über Zeitungsannoncen Mode wurde, schien mir der Fortschritt minimal.

Erst das Internet eröffnete uns die ganze Welt. Im gesegneten Alter, nachdem die vorherigen Versuche zwar tolle, aber nie ganz perfekte Ergebnisse geliefert hatten, beschloss ich die Suche nach der finalen Partnerin im Cyber Space. Ich berücksichtigte Obsessionen und Realistisches: sie sollte schwarz sein, gebildet, hübsch und unabhängig, abenteuerlustig, nicht zu jung. Also suchte ich in den USA; klar, sie würde geschieden sein, die Kinder aus dem Haus.

Es war fast wie im richtigen Leben, die meisten Suchenden sehr offensichtlich zu sehr gefangen in ihrem häuslichen Dasein, um für mich in Frage zu kommen. Eines Tages aber sah ich Sie: ein Foto, ein tränenüberströmtes Gesicht, wie uneitel!, und alles passte. Ich bekam Schweissausbrüche und wusste, dass diese Frau für mich geschaffen worden war. Ich schickte ein pathetisches Mail und bekam eine kluge und philosophische Antwort, wie erwartet. Und »was will ein Mann von mir, der 10.000 Meilen weit weg wohnt?« Das war natürlich mein Thema, die Nähe und die Ferne, sie verstand das, und dann war es nur ein kurzer Schritt über Hesses Gedicht »Stufen«- diese Hymne auf das Nomadenleben, die auch den Tod nur als neues Reiseziel betrachtet- bis zu meiner Ankunft in Missouri. Natürlich gab es kulturelle Unterschiede, noch mehr persönliche, aber keine grundlegenden Zweifel. Ihr Leben lang hatte sie einen wiederkehrenden Traum: dass ein graumelierter, grosser Deutscher sie von ihren Eltern wegholt; aber nur in der Kinderzeit war es ein Albtraum. Ich musste zurück nach Mosambik, und wir würden uns später dann in Deutschland treffen, um gemeinsam zu meinem nächsten Arbeitseinsatz auszureisen. Sie würde dann die USA das erste Mal verlassen, ich mein bisheriges Lotterleben…

In Mosambik sass ich eines Vormittags auf meiner Veranda, und einer der Gartenvögel, ein Bülbül, tat etwas, was er noch nie getan hatte: Er flog ganz nahe zu mir heran und sang aus Leibeskräften. Nach einer Zeit schaute ich von meiner Lektüre auf und murmelte »was ist denn los mit dir« in seine Richtung, wollte jedoch nicht dabei ertappt werden, mit Vögeln zu reden. Später las ich dann ihr e-mail,

»Ich habe dir heute morgen um 7 Uhr einen Vogel geschickt, hast du ihn bekommen?«

»Ja«, antwortete ich, »vielen Dank, aber er kam etwas später.«

Nach weiteren 6 Monaten, schon in Deutschland, kam es fast zur Trennung, weil ich einer Freundin, die vor 25 Jahren einmal meine Geliebte gewesen war, den Arm tätschelte.

Und so endet diese Reise vorläufig mit dem Anfang einer Liebe, sie endet vorläufig in einem langweiligen Vorgarten in einer langweiligen Vorstadt in Kansas City, in einem Garten, zwischen dessen banalen Rosen und herbstbunten Ahorns Träume wachsen, Träume die fernwehtolle Namen tragen, Namen wie fremdartige Gewürze: Celebes, Sansibar, Neuguinea…